HANNI KLAY

WIR WOLLEN REDEN,

DA WIR LEBEN

ISBN 3-00-015321-7

1.Auflage 2004

© 2004 by Hanni Klay Darmstadt
Alle Rechte vorbehalten
Das Werk einschließlich aller seiner Teile ist urheberrechtlich geschützt. Jede Verwertung außerhalb der engen Grenzen des Urheberrechtsgesetzes ist ohne schriftliche Zustimmung der Autorin unzulässig und strafbar. Das gilt insbesondere für Vervielfältigungen, Übersetzungen, Mikroverfilmung sowie die Einspeicherung und Verarbeitung in elektronischen Systemen.

Druck und Bindung: Reyhani, Darmstadt

Printed in Germany

Bezugsquellen für dieses Buch erfahren Sie bei:
H. Klay, Amorbacherstraße 36, 68549 Ilvesheim
E-Mail: hanni.klay@web.de

Gewidmet ist das Buch all' denen, die bereit sind Hilfe anzunehmen und über die selbstgewählten Grenzen hinauszugehen.

Danksagung

Ganz herzlich möchte ich mich für die Mut machende Unterstützung und Hilfe bei meinem Sohn Günter und meinem Ehemann Paul sowie bei all' denen, die an mich glaubten und mir die Kraft gaben, das Anliegen der geistigen Welt zu realisieren, bedanken.

*In Liebe
für Marianne
Hanni*

Aus den folgenden Seiten soll euch Liebe entgegenströmen und euer Herz verwöhnen und euch mit dem Sterben, dem Tod aussöhnen und euch klar machen, es gibt kein Ende, nur eine Wende vom sichtbaren zum unsichtbaren Bereich.
Und wenn diese Botschaft eure Herzen erreicht, dann der Schrecken, die Angst vor der Veränderung weicht.

„Wir wollen reden, da wir leben."

Diese Aussage ist kein Schlagwort eurer Zeit, da viele von uns Verstorbenen dazu sind bereit.

Wir gezielte Hinweise, auch Anweisungen geben, um Menschen zu bewegen mit uns zu reden.
Einfach die Aussage bleibt bestehen: „Wir leben" und uns alle Mühe geben, damit ihr es könnt auch so sehen und nicht, dass wir für immer entschwunden und ihr absolut nichts mehr von uns habt gefunden als den Schatten der Vergangenheit und die Erinnerung, die euch immer bleibt.
Uns trennt nur das nicht mehr vorhandene Körperkleid, alles andere bleibt, sagen wir mal, das Körperkleid ist eine Leihgabe auf Zeit.

Alles, was wir oft noch zu Lebzeiten zu sagen, zu klären hätten, unterbleibt, weil ihr oft meint, dass nichts mehr bleibt.

Aber das ist ein großer Irrtum, der in vielen Herzen tut wohnen. Ihr könnt alles sagen und braucht uns nicht zu schonen.
Wir quasi nebenan wohnen, wir alles hören, alles verstehen, aber oft keinen Zugang zu euch sehen; denn wer ist schon bereit, zu akzeptieren die körperliche Vergänglichkeit? Die Trauer um das Gewesene/das Körperkleid bleibt, aber es ist Vergangenheit. Einen Zugang wir euch nun durch das Geschriebene vermitteln wollen und es liegt ganz allein an eurem Wollen, ob ihr könnt dieser Offenbarung Beifall zollen.

Ein gewisses Vertrauen muss auch da sein, das ist klar, damit ihr glauben könnt, was wir sagen ist wahr.

Vorwort

Wieso ich dieses Buch geschrieben habe und wieso ich es so geschrieben habe.
Dazu muss ich etwas weiter ausholen: Da ich bereits seit 30 Jahren einen guten Kontakt zur geistigen Welt habe, d.h. zu meinen Geistführern, Verstorbenen und dem Tod, ist es mir im Laufe der Jahre zur Selbstverständlichkeit geworden mich mit ihnen zu unterhalten und dabei hatte ich ein für mich sehr wichtiges Unterscheidungsmerkmal: Die Reimform. Alles, was mir gesagt wurde kam in dieser, wobei mir erklärt wurde, dass diese eine besonders gute Schwingungsfrequenz hätte, die das Herz öffnet und dadurch Vertrauen entfacht. Bis zu dem Zeitpunkt der Kontaktaufnahme hatte ich mich nicht mit Reimform befasst! – Wobei mir anfänglich sicherlich der Mut fehlte mich zu outen, wie man heute so schön sagt.

Ausgenommen meiner Familie gegenüber, die mich bestärkte diesen Kontakt zu pflegen, der in allen kritischen Lebenssituationen sehr hilfreich und tröstlich war und ist.

So machte ich es mir zur lieben Gewohnheit, täglich zu kommunizieren und das Gesagte zu notieren. Diese Gespräche gaben mir die Kraft, kritische Phasen in meinem Leben zu durchstehen und Ereignisse anders zu sehen.
So auch wenn geliebte Menschen mussten gehen und ich an ihrem Grab stand und das Gefühl hatte, dass der Verstorbene zu mir sprach bzw. mir mitteilte, was für ihn wichtig war.

Ein Onkel sagte zu mir: „So wie die Blumen welken, so welke nun auch ich; denn mehr als Blumen sind wir auf Erden nicht."
Nun anfänglich glaubte ich, jetzt fange ich allmählich an zu spinnen. Aber nichtsdestotrotz, waren die Worte wie eingemeißelt in mir und jederzeit abrufbar.
Ich schwieg. –

Einige Jahre später verstarb ein anderer Onkel, während ich mich mit meiner Familie auf einer Urlaubsreise befand.
Er erreichte mich mental/gedanklich, als wir im Auto saßen und zu einer Besichtigung fuhren.
Seine Worte waren so eindringlich, dass mir nichts anderes übrig blieb, als diese zu notieren. Jeder Satz wurde von ihm solange wiederholt, bis er auf Papier stand. Die Durchsage lautete: „Zu spät hab' ich dich hier erkannt, kann reichen nicht mehr dir die Hand, doch werden wir uns wieder sehen, weil ich kann schon dein Ende sehen.
Verändert hat im Grund sich nichts, weil alles Sein vergänglich ist.
Bekenne dich zu der Gabe, Menschen zu verstehen, die bereits im Grabe."

In den folgenden Jahren erfolgten noch viele derartige Aussagen von Verstorbenen. Aber ich war immer noch nicht bereit, mich im Außen zu dieser Gabe zu bekennen.
Erst als man nachdrücklich mir erklärte:

„Wir wollen reden, da wir leben", war ich bereit, diese Informationen einem größeren Kreis zugänglich zu machen.
Zumal auch der Tod häufiger mit mir sprach, dem viel daran lag, dass der Mensch eine andere Sichtweise ihm gegenüber einnimmt und zwar als Freund und nicht als Feind.
Entgegen kam dieser Bitte und der der Verstorbenen, dass ich mich wieder einmal in der Situation befand von einem geliebten Menschen Abschied nehmen zu müssen - meiner Mutter.

Mir wurde ihr Tod im Vorfeld angekündigt, aber ich verschloss mich und wollte es nicht wahrhaben.
Und so beginne ich am Tag ihrer letzten Erkrankung. Ich habe alles in Form eines Tagebuches festgehalten und jeder Tag wurde von der geistigen Welt, Verstorbenen und dem Tod kommentiert.
Obwohl sie noch lebte, sie sich doch häufig schon außerhalb ihres Körpers befand und mit mir bereits gedanklich sprach.
Und nun folgen Aufzeichnungen über das

Vorher und das Danach eines Prozesses, der keinem bleibt erspart.
Immer wieder der Tod während dieser Zeit zu mir sprach und eine Lanze für sein Erscheinen brach, d.h. besser gesagt für das ewige Leben in den verschiedenen Dimensionen/Ebenen, wo wir in der einen und die Verstorbenen in der anderen wohnen. Immer erreichbar, da sie sind da, immer nah, nur für die meisten unsichtbar.
Wir müssten nur aufgeben unser begrenzendes Denken und den Impulsen in uns Gehör schenken.
Mögen diese Aufzeichnungen für viele hilfreich sein und sie erkennen lassen, sie sind nicht allein.

23.06.2003

Ein Abschied kündigt sich an, meine hochbetagte Mutter ist erkrankt.

Geistige Welt: Du bist ein wenig ratlos geworden durch die anstehenden Sorgen. Nun aber wer wird sich sorgen, wenn es doch immer eine Lösung gibt, auch wenn man vom Verstand her diese nicht sieht und schon gar nicht die Notwendigkeit der Ereignisse einsieht, obwohl es immer eine Ursache gibt.

Ja Menschenkind, das ist so eine Sache auf Erden mit dem Geborenwerden und Sterben.
Das eine wird nicht seiner Wertigkeit nach integriert, obwohl es täglich millionenfach passiert.

Lasst los, wenn die Zeit ist da und der Tod

dem Menschen nah. Es ist ein natürliches Geschehen und so solltet ihr es sehen.

Haltet einen geliebten Menschen nicht unnötig fest, damit sich das Gehen erleichtern lässt.

Gebt ihm stattdessen Ruhe und Kraft und das Gefühl, dass er auch diesen Prozess schafft, damit er nicht unnötig hält fest und den ausgedienten Körper loslässt.
Gebt ihm Zeit, damit der Ablösungsvorgang sich vorbereitet und voranschreitet. -
Mehr als in Ruhe und Frieden zu sterben, kann der Mensch nicht erreichen auf Erden.

Geliebte Menschenkinder, auch dieses Thema muss offen durchgesprochen werden, damit nicht ständig gekittet wird, was bereits ging in Scherben; denn es ist für jeden abzusehen, dass auch er an dieser Schwelle wird stehen.

Der Körper ist sterblich, der Geist aber nicht, ist dieses Wissen nicht sehr tröstlich!

30.06.2003

Heute sagte der Tod zu mir: Ich stehe in der Tür. Mir wurde ganz anders und ich dachte, noch nicht.

Geistige Welt: Um noch einmal auf das Geben und Nehmen einzugehen, merke dir: Das Leben gibt, das Leben nimmt so wie es (für den einzelnen) ist vorherbestimmt.

Nun tust du an dem Punkt stehen, wo ein geliebter Mensch muss über kurz oder lang gehen.

Alles in dir wehrt sich, so doch nicht, noch nicht. Und der Gedanke keimt auf, wie muss ein Mensch sich oft plagen, um endlich Ruhe zu haben und du fragst dich, wie kann ich dazu beitragen, damit meine Mutter es tut leichter haben.

Rede mit ihr, auch gedanklich und glaube
mir, sie hört dich, auch wenn du meinst
nicht.
Bringe alles in Ordnung, was quält dich,
bitte um Verzeihung und verzeihe auch ihr,
alles was missverstanden wurde hier.

Sage ihr, du liebst sie und bist
einverstanden, dass sie tut gehen, damit sie
loslassen kann das qualvolle
Körpergeschehen.

Nun sorge dich nicht, alles klärt sich und so
wie du gehandelt hast, war's richtig; denn
keinen Moment früher holt er sie ab und
auch nur so, wie er es dir gesagt hat.

1.07.2003

Durch eine altersbedingte Demenz meiner Mutter wurde mir die Vormundschaft übertragen, die ich nicht bejahen konnte.
Ich wurde immer vor Entscheidungen gestellt, zu denen ich glaubte als Tochter kein Recht zu haben. So auch über einen medizinischen Versorgungseingriff: PEG oder nicht. Ich entschied dafür. Prompt kam aus der geistigen Welt.
Heute hast du etwas Wichtiges gelernt, klar zu entscheiden, um dir selbst treu zu bleiben.
Trotz des geistigen Zuspruchs quälte mich meine Entscheidung.
Warum habe ich das nur gemacht, tauchte daher die Frage auf in der Nacht, zugestimmt, dass man diesen Eingriff bei meiner Mutter macht.

PEG (Perkutane Endoskopische Gastrostomie) Magenfistel, über die die Nahrung direkt in den Magen geleitet wird.

Einen PEG setzen lassen, damit sie nicht verhungert, verdurstet. Oder war das nur eine Ausrede für mich, weil ich sie noch nicht hergeben wollte? –
Du hast gemacht, was ein normaler Mensch hätte auch gemacht.
Daher dir keine Vorwürfe mach'! Ohne diesen hätte sie ein qualvolles Todesgeschehen, so aber wird sie einfach gehen.

Hanni, Hanni was quälst du dich? - Durch diese Erfahrung wirst du jedem Menschen zugestehen, absolut seinen eigenen Weg zu gehen.

In Zeiten, wo das Denken in einem Menschen revoltiert, ihn alles irritiert und das mein geliebtes Menschenkind ist dir bei dieser Entscheidung passiert. PEG oder nicht? Sterben lassen oder nicht? Natürlich nicht! Aber du bist ein Mensch und verstehst daher die Zusammenhänge oft nicht, daher bereue nichts.

2.07.2003

Um mir ein wenig Ruhe zu vermitteln, überbrachte mir ein geistiger Freund eine Übung mit folgenden Worten.

Mit Liebe eile ich herbei und rate dir, mach mit Om singen dich frei.
Bisher hast du noch nicht von mir vernommen, dass du durch das Om singen deine innere Ruhe kannst wieder bekommen.

Singe solange bis der Fluss in dir wieder ruhig fließt und nicht wie wild geworden durch dich hindurchschießt.
Wenn er wieder ruhig fließt, sich wie von allein das Geistige in ihn ergießt. Das heißt die Kommunikation war nicht abgebrochen, nur durch eine totale Fixierung auf das Außen unterbrochen.

Hattest du zugemacht? Gib acht und dem Außen nicht zuviel Macht, sonst das Hören der inneren Stimme (der Botschaften) Schwierigkeiten macht.

Ich glaube jetzt hast du mich verstanden, nur durch die innere Ruhe die geistigen Führer Gehör fanden.

Also folgte ich dem Rat und setzte das Om singen um in die Tat. Es war mir dabei so, als rief das Om, öffne dich mir, meine Frequenz heilt vieles hier und zeigt dir den Weg zu dir.

Spüre beim Om singen in dich hinein, um zu spüren wie tief der Ton dringt in dich ein. Er sollte den ganzen Körper durchdringen, um über die Fußchakren hinaus den Ton der Erde zu bringen.

D'rum gewöhn dir an, häufiger am Tag Om zu singen, um gleichzeitig dem Schöpfer deine Ehrerbietung nahe zu bringen.

Du siehst bei allem, was geschieht, wenn es richtig geschieht, es eine wohltuende Resonanz ergibt.

3.07.2003

Gesegnet sei dein Tag.

Den Sterbevorgang man nicht zu beeinflussen vermag, aber würdevoll zu gestalten vermag.
Ach Kind, wie sehr es dein Leben durcheinander bringt, wenn einer mit dem Gehen ringt.
Wir sind bei dir, du versuchst das Richtige zu tun hier und es gelingt dir. Hab' Vertrauen und tue vermehrt nach innen schauen.
Zurzeit braucht dein Magen viel Liebe, weil er die vielen Aufregungen kann nicht ertragen. Also überlaste ihn nicht, nimm

Rücksicht und schicke ihm viel Licht.
Anschließend sagte der Tod zu mir, Dora
geht ins Licht, vergiss das nicht,
daher übergib sie mir, ich helfe ihr. Du
musst jetzt im festen Vertrauen auf das
Erlösende schauen; denn dass sich das
Leben dem Ende zuneigt, ihr ganzes
Verhalten anzeigt. Auch wenn du nicht
bereit bist das zu sehen, ist sie am Gehen.
Überlasse es mir, überlasse es mir, ich
verhelfe zu einem leichten Ende ihr.

5.07.2003

Nun kehrt Ruhe ein in das sich wehrende,
innere Schreien:
Ich will nicht, ich will nicht! …….

Aber ich weiß jetzt, ich kehre heim und bin
beim Übergang nicht allein.

Also lasse ich los und übergebe den Körper
mein; denn ich weiß, es muss sein. Meine
Aufgabe ist zu Ende.
Ich habe die noch Lebende gelehrt, wogegen
sie sich so sehr gewehrt:
Abschied zu nehmen.
Ach es bricht mir das Herz, zu sehen all
diesen Schmerz, wobei es doch nur ein
Lösungsprozess, wenn der Geist den Körper
verlässt.
Ein einziger Atemzug und es ist vorbei und
ich bin frei.

10.07.2003

Am heutigen Beerdigungstag übermannte
uns tiefe Traurigkeit. Da sagte meine
Mutter: Kinder lacht, das ist viel gesünder.
Und es war mir, als ob sie selbst lachte und
das mir den Schmerz etwas leichter machte.

Der Tod sagte zu mir: Nun ich hatte dir alles vorhergesagt. Aber die Angst dich wie eine Mauer umgab des nicht Begreifens, nicht Erfassens, nicht Loslassens
des natürlichsten Geschehens des am Ende Gehens. Immer wieder es euch trifft, wenn sich erfüllt eure Mitgift.

Meine Mutter: Ach Kind, lerne mit dem Herzen zu verstehen das Gehen, um nicht einmal auf das Bleiben zu bestehen; denn wenn es Zeit ist, wirst du gehen.

Der Tod: Ich werde dir alles sagen, da du wirst in der Zukunft eine sehr enge Bindung zu mir haben.
                            Dein Freund Tod

Bedenke: Das Leben ist ewig, ein Kreislauf im ewigen Sein, in das sich jeder gliedert nahtlos ein und so soll es sein.
Daher ist Vertrauen auch so wichtig und zu wissen, wie ich lebe ist richtig. Ich bin ein Ausdruck der Unendlichkeit und zur Veränderung stets bereit, d.h. zu wechseln mein Kleid.

11.07.2003

Heute fragte ich mich wieder einmal, ob ich in den Punkten Pflege und Entscheidungen bei medizinischen Eingriffen richtig gehandelt habe und ein leichtes Unwohlsein überkam mich.

In diese Gedanken hinein sagte meine Mutter zu mir: „Es gibt nichts zu verzeihen, es gibt nichts zu bereuen.
Ich konnte mich befreien von des Körpers Last, der mein ganzes Sein hatte umfasst."
Ach Kind, ich fühle mich wie der Wind, kann eilen hier und dorthin geschwind, es ist wie ein Einssein mit der Natur, von Bedauern keine Spur.
Ach wie habe ich mich gewehrt und mir dadurch das Gehen erschwert.

Denke mein Kind, denke immer daran, der Körper ist ein Gefährt, den Gottes Liebe zum Tun hat beschert.

Dieser Gedanke sei dir allgegenwärtig; denn damit wird dir bis zur kleinsten Zelle bewusst, dass das Verlassen des Körpers nicht schmerzhaft sein muss.

Euch Lebenden ein Dankeschön, doch ich muss jetzt gehen. Im Lichte werden wir uns wieder sehen, bis dahin auf Wiedersehen. Ich liebe euch."

Nun Hanni hast du die Worte vernommen, die von deiner Mutter
kommen klar und unverschwommen, doch nun hat das Licht sie mitgenommen; denn sie muss zur Ruhe kommen, um aufzuarbeiten im Licht, was sie tun konnte im Leben nicht. ....
Ich liebe dich. Unsere Verbindung wird so eng werden, dass du leicht verlässt den Körper auf Erden. Dein dich liebender Freund Tod, Erlöser aus Leid und Not. Unsere Freundschaft wird ein Bestandteil deines Lebens sein und du sagst dazu nicht nein. Ich werde dir am Ende deines Lebens auch nicht bildhaft erscheinen, sondern mit Worten unsere Begegnung einen.

Es wurde dir nicht umsonst die Gabe
gegeben zu hören, um das Wissen zu
vermitteln, dass alle zusammen gehören
und dass das Leben ewig ist.

13.07.2003

Allmählich ist der Zyklus geschlossen und
keine Fragen mehr zur Bewältigung des
Verlustes offen.

Wir auf eine ganz enge Zusammenarbeit
hoffen; denn dein Kanal ist offen. Vieles,
was uns selbstverständlich im Licht,
versteht ihr auf Erden nicht.
Daher unser Dasein, unsere Anwesenheit
immer wieder Zweifel erregt. Aber bei dir
ein festes Band von Vertrauen wurde gelegt,
das jeder äußeren Belastung widersteht.
Breit ist der Weg, der zur Verfügung steht.

Verlasst euch Menschenkinder auf das innere Gespür, dadurch spürt ihr, dass wir sind hier. Und ihr braucht euch auch nicht in Versenkung zu begeben, um zu uns Kontakt zu haben, ihr müsst nur im Herzen ja sagen und schon werdet ihr den besten Freund (eure Lieben) an eurer Seite haben.

Haltet täglich innere Einkehr, d.h. führt mit uns ein Gespräch, dann ihr euch optimal durch das Leben bewegt und das ist es, was ich euch nahe lege und zu tun anrege.

Ach Menschenkinder seid bereit, dann wird eure Erfahrung weit und ausgenutzt euer irdisches Kleid.
Ihr braucht im Außen nichts zu widerlegen, euch nur in eurem Fahrwasser bewegen.
Auf, seid bereit, jetzt ist eure Zeit Jenseitskontakte zu pflegen, um euch dadurch genügend Zeit zur Aufarbeitung sämtlicher Unklarheiten/Disharmonien mit uns zu geben.

In diesem Sinne Gottes Segen und tut unsere Zusammenarbeit pflegen.

14.07.2003

Kaum man das Gefühl erklären kann, das man immer wieder erlebt nach einem Heimgang. Man fühlt sich eingeschlossen, fast wie in eine andere Form gegossen.
Alles läuft irgendwie anders ab, man auch kein Zeitgefühl mehr hat.
Alles ist irgendwie leer, weder leicht noch schwer, einfach leer. Auch alles nicht mehr die Wichtigkeit hat, die es vorher gehabt.
Man befindet sich in einem Vakuum, läuft neben sich her und findet sich selbst nicht mehr.
Dieses zu durchbrechen wäre jetzt gut, um die Stagnation aufzugeben und wieder zu leben. Da siehst du einmal wie sich Bewusstseinszustände erdrückend auf das Gemüt legen und alles lahm legen. Alles stagniert, nichts Außergewöhnliches ist passiert, nur dir und das dich irritiert, obwohl es täglich millionenfach passiert.

Aber nicht im eigenen Umfeld nicht wahr,
da nimmt man alles ganz anders wahr.

Da betrifft dich das Geschehen, obwohl ganz natürlich ist das Kommen und Gehen und du wirst es hinterher ganz anders sehen.
Lerne mich, den Tod, verstehen, um die Notwendigkeit des letzten Aktes zu sehen.
Ja mich, den Tod, zu akzeptieren fällt schwer, obwohl seit eurer Geburt ich laufe neben euch her, das zu verstehen ist wohl sehr schwer.
Mein ganzes Sinnen und Trachten, vermenschlicht ausgedrückt, ist darauf ausgerichtet, euch zu bitten, vermehrt auf meine Zeichen zu achten; denn ich komme nicht von ungefähr, ich kündige mich immer an vorher. Lernt meine Zeichen zu sehen; denn sie erleichtern das Gehen. Schwer, schwer zu verstehen bzw. einzusehen.
Aber es würde vieles leichter machen und ihr würdet aus dem Traum des ewigen Bleibens erwachen, d.h. ich komme immer zum richtigen Zeitpunkt heran, daran sich nichts ändern wird und kann.

D'rum Menschenkinder lebt jeden
Augenblick bewusst, den Gott euch schickt;
denn das Leben und Sterben nicht
beängstigend sein muss. Bleibt im Fluss bis
zum symbolischen Schluss; denn dass es
weitergeht, ihr danach erlebt:
In einer anderen Form, einer anderen
Zusammensetzung, für diese Ebene nicht
greifbar, aber doch erreichbar.

17.07.2003

Meine Mutter spricht: „Vorbei das ewige
Einerlei, in das mich mein Körper
gezwungen, wo ich doch so gern gelacht
habe und gesungen. Und doch hat mich
mein Denken und Handeln in dieses Erleben
gezwungen, sonst wäre ich viel früher
entsprungen.

Geliebtes Kind, dieser Abschied dich viel mehr mitnimmt als du bewusst wahrnimmst.

Aber auch das ist eine Phase des ewigen Lebens und des sich wieder Erhebens und Freigebens.

Meine Aufgabe war beendet und nun mein Geist sich neuen Aufgaben zuwendet."

Ja ich, der Tod, bringe alles ins Lot und befreie die Menschen aus ihrer Not.
Habe Vertrauen zu mir; denn ich bin immer bei dir. Ein inniges Verhältnis uns verbindet, so dass meine Energie dich in jedem Leben findet.

18.07.2003

Am Abend vorher hatte ich zwei Schutz- und Reinigungsübungen gemacht. In der ganzen Zeit vorher hatte ich nicht einmal an diese hilfreiche geistige Hilfe gedacht.
.
Siehst du, nun wird lichter die Dichte, die durch Trauer und Schmerz sich hatte aufgeschichtet und du hast ja auch schon ausführlich darüber berichtet.
Was dir während dieser schmerzerfüllten Tage kam gar nicht in den Sinn, dass du bedrückende Energien ziehst zu dir hin. - Um das zu vermeiden, höre genau hin; denn wenn ein Mensch vom Körper befreit, hat er beendet seine Erdenzeit und ist für die daraus resultierende Veränderung bereit. Und auch das dauert manchmal seine Zeit. D'rum halte nicht fest diese Person, sondern danke für die gemeinsame Lebenszeit; denn die wahre Liebe euch über den Tod

hinaus erhalten bleibt und es wird Zeit zu begreifen, verändert hat sich nur das Kleid.
Obwohl nicht sichtbar, sind wir immer zugegen, um euch einen Mantel der Liebe umzulegen.
Alles ist vergessen, alles vergeben, tut keine selbstzerstörenden Gedanken hegen, sondern lernt euch selbst vergeben und lernt mit uns zu reden.
Nun das liegt nicht jedem, aber vergeben ist richtig und für euren Seelenfrieden wichtig.
In der Zeit der Trauer seid ihr sehr offen. Viele Energien auf Mitnahme hoffen, d.h. sie nutzen diese Offenheit aus, schmeißt sie wieder hinaus; denn ihr habt eure eigene Trauer zu tragen und braucht nicht zu herunterziehenden Energien ja zu sagen.
Wir euch viele Schutz- und Reinigungsübungen übermittelt haben, aber in den ersten Tagen werdet ihr keinen Sinn dafür haben.
Aber dann solltet ihr euch vermehrt reinigen und schützen, das wird euch bei eurer Trauerarbeit viel nützen.
Trotz allen Wissens werdet ihr diese Arbeit erledigen müssen.

19.07.2003

Vorbei, frei! Aber der Kampf des Körpers dauert an, gesagt einmal so ganz nebenbei, bis alle Organe loslassen und es bei der Einstellung belassen.

Wir uns hier einmal mit einem heiklen Thema befassen: dem endgültigen Loslassen und dem bewussten Todeserfassen, bis alles sich klärt und nichts mehr sich wehrt.
(Bis jedes Organ diese Tatsache erfährt und sich nicht mehr dagegen wehrt.)
Daher ist die bewusste Kontaktaufnahme zu den eigenen Organen im Leben viel wert, weil sich jedes Organ als eigene Wesenheit erfährt.

Wir sprechen ja auch vom eigenen Universum *(dem Körper)*, nur zu wenig Zeit darin investieren, weil uns das Äußere tut viel mehr interessieren.

Wir könnten uns alles meckern ersparen; denn wir müssten in erster Linie nur uns selbst erfahren.

Doch da die Zeit im Umbruch ist, diese Erkenntnis von großer Bedeutung ist; denn es erfolgt ein Umdenken im großen Stil und verändert sehr viel.

Und um an dieser Tatsache nicht vorbeizugehen, sollte jeder zuerst sein eigenes Universum sehen und systematisch dabei vorwärts gehen;
denn alle Missstände kann er in einem viel größeren Umfang im Außen sehen.

Daher heißt es ja auch immer, lerne dich selbst verstehen, um die äußeren Missstände in dir selbst zu sehen; denn sehr wohl zu dir gehört, was dich im Außen stört.

Schwer nachvollziehbar, aber mit einiger Geduld erfahrbar.

22.07.2003

Geliebtes Menschenkind noch der Verlust deiner Mutter dich gefangen nimmt. Doch unaufhörlich die Zeit weiterrinnt und alle Schwere mitnimmt und die Akzeptanz des Soseins beginnt und damit auch die Heilung des Schmerzes beginnt.

Nun aber fragst du mich, wie entwickelt unsere Zusammenarbeit sich.
Es wird dir wie Schuppen von den Augen fallen, so sehr wirst du ja sagen zu allem; denn die Zusammenarbeit mit uns ein Bestandteil deines Lebens ist, in diesem Punkt du dir ganz sicher bist.

Zurzeit handelst du sehr klug, indem du fängst an, den Körper zu respektieren und nicht mehr ihn zu schikanieren. Du fängst an, dich an seine Bedürfnisse heranzutasten, um ihn zu entlasten.

Um die Organsprache zu erlernen, muss man viele Wenn und Aber aus seinem Kopf entfernen; denn es gibt keine Vorschriften, was zu dir passt, wichtig ist nur, dass du von innen her das Richtige erfasst. Man spürt es am Strömen des Blutes, wie gut dieses oder jenes dem Körper tut.

Natürlich ein Grundschema wurde euch im Außen gegeben, aber ihr müsst euch auf die Schiene der Selbstverantwortung begeben, um richtig zu leben - und dazu habt ihr meinen Segen.

Auch eure Erfahrung weitergeben, aber jeder muss sie für sich selbst erleben.

23.07.2003

Vorbei, vorbei .... nur langsam wird man von Gedanken frei, die sich beim Ableben eines lieben Menschen ergeben, aber das ist Leben.

Ja, du wurdest genug gebeutelt und hast an deinen eigenen Handlungen herumgedeutelt, die im Nachhinein einen/ keinen Sinn ergaben, aber wie Zentnerlasten auf deiner Seele lagen.
Du musst stets von dem Prinzip ausgehen geschehen ist geschehen, man kann es immer so oder so sehen.
Daher lass alles, was war und wie es war stehen, die Hauptsache es ist aus Liebe geschehen.
Oftmals sich bei Verlust auch gesundheitliche Probleme beim Zurückbleibenden ergeben, die man keinesfalls darf ungelöst ad acta legen.

Damit sich keine schwerwiegenden, gesundheitlichen Schäden daraus ergeben, sollte man eine Weile sich auf der Schiene von leichter Kost bewegen und sich auch immer die Sinnhaftigkeit des Abschieds darlegen, was in manchen Fällen leichter ist, aber manchmal auch nicht zu fassen ist. Und wir einen tiefen Groll hegen, anstatt das Leid Gott zu übergeben.

Wir zweifeln an allem und tun uns dabei selbst keinen Gefallen. Es ist ein Lernprozess, der uns bis in die Grundfesten erkennen lässt, wie machtlos wir sind im irdischen Geschehen, wenn einer muss gehen.

Wir uns selbst und die Welt nicht mehr verstehen, wenn ein Nahestehender tut gehen. Aber in diesen Momenten auch nicht die Gerechtigkeit des Kosmos sehen, die da heißt Kommen und Gehen.

2.08.2003

Vorbei, vorbei dröhnt es noch immer in deinen Ohren.

Vorbei wo ich, deine Mutter, wurde auf diesem Planeten geboren, den ich zur Bewältigung meines Anliegens erkoren. Vorbei, und frei von dem Konterfei, das ich darstellte einmal gesagt so ganz nebenbei; denn mehr als ein Kleid war es ja nicht. Und das soll trösten dich und die es noch vor sich haben, um zu wissen, dass sie nur das Kleid hier begraben, weil sie das ewige Leben haben.

Menschenkinder, diese Worte sollen Balsam für eure Seele sein; denn ihr kehrt nur heim. D'rum bitt ich euch in Jesu Namen, habt mit euch selber mehr Erbarmen und sagt nach jedem vollbrachten Tag Danke und Amen.

Seid euch bis zur kleinsten Zelle bewusst,
dass das Gehen von hier nicht schmerzhaft
sein muss. Folgt bewusst dem täglichen
Fluss,
der alles widerspiegelt, was geschehen wird
und muss.

Werdet bewusst, damit ihr voll integrieren
könnt Anfang und Schluss.
Auch eine solche Einstellung von den
meisten geübt werden muss.

5.08.2003

Tag der Urnenbeisetzung

Nun Hanni, sagte meine Mutter, es wurde
Zeit, damit abflachen kann das Leid.
Ich bin und war für die andere Ebene bereit
und habe gern gewechselt mein Kleid.

Der Tod: Geliebtes Menschenkind, wie ein Sturm dieses Sterben an dir vorüberging. Der enthielt menschliches Leid. Nun aber sei bereit, zu nutzen die dir verbleibende Zeit; denn die Aufgabe, die dir wurde übertragen, will deine ganze Aufmerksamkeit haben.

6.08.2003

Vorbei, vorbei, diese Worte wiederholten sich immer wieder, wobei in mir das Gefühl aufkam, dass meine Mutter und ich sie sprachen.

Vorbei, vorbei, wie von fern klingen diese Worte noch zu dir her und sie entfernen sich immer mehr.
Damit sei dir gesagt, dass die Grenze sich aufhebt, die zwischen euch lag, die zwar Gemeinsamkeiten barg,

aber dass nun alles wieder in der
allumfassenden Einheit lag.
Für dich zu erreichen; denn du hast dafür
gestellt die Weichen.
Geliebtes Menschenkind, hörst du wie von
fern das Lachen deiner Mutter
herüberschwingt? Sie tanzt und singt und
damit ihr Glücklichsein zum Ausdruck
bringt.

Sie ist zwar von dieser Ebene geschieden,
doch für alle, die es wollen, erreichbar
geblieben. Nur mangelt es oft an Mut, weil
man glaubt, Kontakt aufzunehmen
wäre nicht gut. Das in vielen läuft wie ein
Programm, das nur durch Beschäftigung mit
diesem verändert werden kann.

Doch willst du entwickeln, was in dir ist,
dann sage ja zu dem, was innen und außen
ist.
Schule dein Gehör. Konzentriere dich. Am
Anfang hörst du vielleicht
schwer, aber mit der Zeit hörst du immer
mehr.
Werde dabei stille, dann hörst du zunächst

deine innere Stimme.
Bringst du es fertig dabei konzentriert zu bleiben, ohne gedanklich weiterzueilen, wird es mit der Zeit geschehen: du kannst die Verstorbenen hören und sehen.

Konzentriere dich ohne abzugleiten, das wird dir anfänglich Schwierigkeiten bereiten, aber dich vorbereiten auf die Kommunikation. Natürlich brauchst du Geduld und Zeit und dazu bist du auch sicherlich bereit.

7.08.2003

Der Verlust meiner Mutter machte sich bei mir auch im Körperlichen bemerkbar. Ich war gesundheitlich angeschlagen.

Doch nun bist du frei, würde ich sagen,

von allen Dingen, die sich in der letzten Zeit haben zugetragen, so auch dein Magen, der die vielen emotionalen Ausbrüche konnte nicht vertragen und begann dich daher ganz massiv zu plagen, da auch die Nerven von diesem Organ bloß lagen.

Du gingst auf ihn ein, um ihn mit Haferschleim von diesem Unwohlsein zu befreien und ganz allmählich besserte er sich und entspannte sich. Erleichterung durchströmte dich. Du hast in diesem Fall das Organbewusstsein akzeptiert und nicht mit Schmerzmitteln zubetoniert.
Du besaßest die Einsicht, dass das vegetative Nervensystem nicht von den Emotionen zu trennen ist.
Und daher sagen wir immer, Mensch lerne dich kennen.
Es ist ganz wichtig zu akzeptieren, dass der Mensch aus vielen Organbewusstsein zusammengesetzt ist, um zu erkennen, dass jedes einzelne wichtig ist.
Daher mache es dir zur Pflicht, zu sprechen mit ihnen tagtäglich; denn ihr habt euch gegenseitig nötig.

Vielleicht verstehst du sie zuerst nicht, aber mit der Zeit sicherlich. Und lasse dir sagen, nur in einem optimalen Miteinander der Körper funktioniert und seinen Träger nicht irritiert.

Um das Organbewusstsein bewusst in dir zu integrieren, beginnst du den Tag vielleicht so und sagst: (als Übung 2-3 Minuten)

„Gesegnet sei der Tag und alles, was mein Universum barg. ……. Geliebte Organe, wir halten zusammen für eine lange Zeit und ich bin bereit, euch zuzuhören zu jeder Zeit." …

Lass nun gedanklich Liebe durch deinen Körper schwingen, um sie allem, was in dir ist, nahe zu bringen.
Spüre wie sie durch deinen Körper gleitet und alles Dagegenstehende ausleitet.

8.08.2003

Nun ist endgültig vorbei, was dich machte
unfrei - das Gefühl des Getrenntseins.
Aber die Erkenntnis, dass der Mensch zwar
gegangen, aber du jederzeit mit ihm kannst
ein Gespräch anfangen, machte dich frei.
Und du bist wieder im Fluss und mit dem
Gefühl des Getrenntseins ist Schluss.
Vorbei ist auch das Bangen, was soll ich nun
mit meiner Zeit anfangen, die durch die
intensive Pflege ausgefüllt war.

Alles ist immer stufenlos ineinander
übergegangen, nur musst du bei allem, was
du tust, immer zu dir selbst gelangen.

Sieh es vermehrt ein, du kreierst dein Leben
allein. Du hast es in der Hand, auch wenn
sich dagegen wehrt dein Verstand.
Ist es auch so, sei froh, dass alles zu
verändern ist, weil es auf Dauer

sonst langweilig ist; denn im Leben muss ständig etwas geschehen, sonst würdet ihr keinen Sinn darin sehen.
Es sind kleine Dinge, die aber bitte zum Fließen bringe und halte nicht fest, wenn dich etwas wieder verlässt.

Bringe das Fließen in Schwung, nur so bleibst du jung.

9.08.2003

Meine Auseinandersetzung mit dem sich ständig wiederholenden Vorbei. Nach meinem Empfinden tönt es von weither und doch ist es neben mir, in mir wie ein Schmerz. Mein Schmerz?

Mein liebes Kind! Neues zu kreieren in diesem momentanen Zustand fällt dir sehr schwer.

Diesen Stillstand gilt es abzuschütteln, um sich selber wachzurütteln.
Wir stehen parat, um zu gehen an den Start.
Kannst dich ganz klar entscheiden, welche Richtung du willst weiter betreiben.
Tu unsere Energien in Worte einkleiden, so wir auf ewig verbunden bleiben und du brauchst dich nicht mehr, am Istzustand aufzureiben. Dein ist das Schreiben und wir dich zum Handeln antreiben.

Geliebtes Menschenkind, wir genau so real wie zu Lebzeiten sind, nur kaum einer uns wahrnimmt. Doch immer mehr werdet ihr wissen, dass das, was wir sagen, stimmt; denn die Zeit der Wandlung zunimmt und in fernerer Zukunft euer Leben bestimmt.

Es ist wahrlich ein Vergnügen, euch zu lieben und im Fluss zu liegen.
So mancher von euch uns immer deutlicher wahrnimmt und dadurch die geistigen Gesetzmäßigkeiten zu akzeptieren beginnt.
Ja, sie als Leitfaden für sein Leben nimmt und dadurch auch die Übersicht über sein Leben gewinnt.

Alles wird erklärbar, was schief ging und schwer war. Es ihm wie Schuppen von den Augen fällt, dass er durch Verurteilen/ Beurteilen sein Leben hat vergällt.

Als erstes wenn euch etwas missfällt, euch die Frage stellt, warum sich die Person so verhält.

10.08.2003

Die Auseinandersetzung mit dir ist die einzige Aufgabe, die du hast von der Geburt bis zum Grabe. –

Und die ist? Den göttlichen Kern in dir zu erkennen und nicht seine Ausbreitung ins Außen zu hemmen.
Hinterher sagt ihr oft schade, dass ich mich nicht gelebt habe, aber bitte keine Klage, weil ich euch immer dazu ermahnt habe. –

Ihr, die ihr auf dem Bewusstwerdungsweg seid, begreift, dass ihr nur an der eigenen Erfahrung reift.

Natürlich seht ihr das erst, wenn ihr euer Kleid abstreift. Und bitte euch nicht mit anderen vergleicht, da mancher von euch sofort die Flügel streicht, weil er meint, dass er das Sosein von anderen nicht erreicht.

Das wäre auch gar nicht erstrebenswert; denn das einzige, was zählt ist, dass der Mensch sich selbst hat gelebt, d.h. den göttlichen Kern in sich zum Ausdruck gebracht.

13.08.2003

Beschwerden: Ach Hanni, die enormen Klagen und die daraus folgenden Plagen werfen bei uns immer wieder auf die Frage, wie können wir es den Menschen sagen, damit sie Mut zur Veränderung haben; denn dass Veränderung eine Gesetzmäßigkeit ist, das doch bisher noch nicht jedem klar ist, obwohl wir das täglich bekunden und euch sagen, nur mit Akzeptierung kommt ihr über die Runden. Wie viel vergeudete Stunden bis ihr habt zu dieser Wahrheit gefunden.
Es ist als ob nicht klar war das Bild und ihr deshalb Freiwild. Es mögen heut' harte Töne sein, aber seht es ein, dass ihr über die persönliche Entwicklung entscheidet allein. Demzufolge gibt es kein Wenn und kein Aber oder sonstiges Gelaber.
Es ist wichtig, dass der Schleier fällt und ihr erkennt, ihr seid die Welt und

deshalb euch nicht mehr in Frage stellt. Und euch nur fragt, was will ich von dieser Welt.

Und ich frage euch, wie oft ihr euch diese Frage stellt und wer die Antwort danach im Auge behält und sich auf die Realisierung einstellt. Ich denke vielen tut die Antwort entwischen, weil so vieles kam dazwischen.
Ich sage, das ist eine Ausrede, Mensch lebe! und dich an die Umsetzung deiner Ziele/Träume begebe; denn willst du etwas verändern auf dieser Welt, wird kein Ziel, das du im Herzen trägst, mehr in Frage gestellt. Dich darauf zu bewege und keinen Zweifel an der Umsetzung hege. Man sich den Anforderungen stellt und das Ziel im Auge behält; denn jeder ist es wert, die Schöpfung durch das, was er tut, zum Ausdruck zu bringen, weil das wird die gewünschte Veränderung bringen.
Mein Gott, sagt ihr häufig, aber gebt ihr auch an ihn ab, wenn etwas in eurem Leben nicht klappt, damit er die Möglichkeit zu helfen hat.
Oder haltet ihr wie eh und je daran fest?

Merkt euch, dass sich absolut nichts
erzwingen lässt. –
Also haltet nicht fest!
Das heißt nicht, dass ihr das Ziel sollt aus
den Augen verlieren, sondern lasst euch
mehr von eurer Intuition führen und gebt
eure Ängste von Misserfolg einfach ab in
dem Wissen, wenn es für mich ist, es klappt.
Ganz einfach, nicht wahr? Ja macht einfach
weiter und die Freude an eurem Tun sei
euer Begleiter.
Es muss Leichtigkeit aufkommen in eurem
Tun und nur so könnt ihr am Ende des
Tages zufrieden ruh'n.

23.08.2003

Vorbei, vorbei hallt es dir noch immer in
den Ohren. Obwohl keiner umsonst wird
geboren, ist es manchmal so als wäre er nie
hier geboren.

Wie Spuren im Sand zunächst ein tiefer Abdruck entstand, dann aber langsam wieder entschwand.

So meint ihr, die noch auf Erden hier, aber ich sage euch, eure Verstorbenen sind hier.
Sie würden so gern mit euch kommunizieren, aber die meisten tut das sehr irritieren.
Wir haben euch sehr viel zu sagen und vermehrt unsere Worte zu Menschen tragen, die ein offenes Ohr für unsere Schwingung haben.
Wir sind da und nah, wollen wir euch immer wieder sagen. Obwohl wir begraben, wir freien Zutritt zu euren Herzen haben.

Tut den Schritt über die Brücke wagen, die künstlich errichtet worden ist, damit ihr glaubt, dass mit dem Tod alles zu Ende ist.

Irrtum, ein neuer Anfang in eurem vielfältigen Sein. So war es, so ist es und so wird es immer sein.
Wie viel Hilfe könnten wir euch spürbar

angedeihen lassen, wenn ihr würdet
zulassen.
Wie viel Problematik würde sich lösen eins,
zwei, drei und wäre für euch im
Handumdrehen vorbei.

Es ist ein Versuch wert, zu kommunizieren
mit den Vorangegangenen und zwar ohne
Bangen; denn ihr selbst habt einen Vorhang
dazwischen gehangen.

Und nun melden wir uns der Reihe nach
und jeder über sein Anliegen sprach und
somit das Siegel des Schweigens brach.

Wir heute mit dem jenseitigen Sehen vieles,
was ihr tut, besser verstehen. Auch unsere
eigene Handlungsweise teilweise nicht mehr
verstehen, aber geschehen ist geschehen. So
gesehen sind es Lernaufgaben, die wir
mussten bestehen, aber ungeschehen
machen wir es nicht, aber bitten, überdenke,
was so sehr störte dich, um zu bringen in
das Dunkel Licht, d.h. befreie dich von
Wertungen, mit denen du wurdest vernetzt,
unter denen du leidest noch jetzt.

*Verzeihe mir, verzeihe mir deinem Vater, der auf
der Bühne des Lebens mitspielte dieses
manipulierende Theater.
Heute weiß ich, dass vieles anders lief und vieles
in deinem Leben dadurch weiterschlief.*

25.08.2003

Der Tod und Verstorbene sprechen zu mir.

Noch immer vermittelst du
Botschaften/Durchsagen unter Vorbehalt,
doch es bricht jetzt aus dir heraus schier mit
Gewalt.
Du bist diese Verpflichtung eingegangen
ohne Bangen, immer mehr Menschen
dadurch Trost erlangen, weil sie erkennen,
die anderen sind nur vorausgegangen.
Eigentlich wolltest du diese Art von
Übermittlung nicht,

aber du redest für mich, deinem besten Freund, der von einer freundlichen Verbindung mit den Menschen träumt. So mancher Zweifel wird durch die Botschaften ausgeräumt und mit dem Irrglauben aufgeräumt, dass mit meinem Erscheinen alles zu Ende ist.
Im Gegenteil es ist ein neuer Anfang, wo jeder sich erlebt aus einer viel größeren Sicht; denn auch die abgeschieden möchten Kontakt zu ihren Lieben, doch meistens lasst ihr sie links liegen.
Es ist schwierig eine Brücke zwischen den Ebenen zu bauen, weil dazu gehört absolutes Vertrauen.
Das klar aufgezeigt wird in dem Bewusstwerdungsweg, der jeder Weiter- und Höherentwicklung vorausgeht.
Nun aber eine klare Linie entsteht, die immer wieder zeigt, dass der Verstorbene noch lebt.
Beispiel: Während eines Tischgespräches erwähnte ich, dass ein guter Bekannter am 5.9.03 in der Urnenhalle beigesetzt wird. Spontan kam: Ich bin nicht drin, aber geh' nur hin, meine Frau zu trösten ist der Sinn.

Diese Durchsagen zeigen mir immer wieder eine gewisse Leichtigkeit,
wenn der Mensch vom Körper ist befreit.

Nun da du allmählich doch zu dieser Arbeit bereit, sich dein offener Kanal als sehr hilfreich zeigt.
Keine Angst, auch die Verbindung zu den anderen Ebenen bleibt. Aber als erstes du jetzt Erste Hilfe betreibst, indem du alles niederschreibst.

Und wieder ein Beispiel, damit ihr könnt die Bandbreite sehen, in der abläuft das Antwort- und Fragesystem.

Ich leite seit Jahren eine Meditationsgruppe und werde mit den unterschiedlichsten Fragen konfrontiert.
So auch dieser: Warum nahm Ingrid W. sich das Leben, sie hatte doch alles? - Alles sicher nicht, aber keiner sieht, was im Inneren eines Menschen abspielt sich.
Warum also? -

Ingrid: Weil ich bin in die Irre gegangen und konnte nicht mehr aus meinem Denkschema herausgelangen. Von falschen Wertvorstellungen geprägt habe ich mein Leben beiseite gelegt. Schuld trifft keinen der Menschen, die mir nah, nur ihre helfende Hand ich nicht sah.

Mögen sie mir vergeben, dass ich mir nahm das Leben, aber jetzt kann ich wieder ohne Beschränkung leben. Ich erbitte ihren Segen.

28.08.2003

Nun Hanni immer seltener erklingt das „Vorbei, ich bin frei".

Dir es noch immer etwas unwirklich erscheint, dass der Verstorbene, wenn du ihn rufst, erscheint. –

So auch Hermann W., der vor Jahren verstorben ist, der nun da ist, um zu klären, was ungeklärt geblieben ist; denn sein Sohn konnte sich nicht in all den Jahren von den Geschehnissen in seiner Kindheit befreien, geschweige ihm verzeihen. Und so schleppte er mit eine Last und hat den Vater geliebt und gehasst.

Hermann W., wo bist du? Nun ich bin da, ich bin nicht froh über das, was damals geschah. - Ich alles aus einer anderen Perspektive sah und über die Auswirkungen mir war nicht klar.

Ich dich, mein Sohn, als Priester sah und das hat mein Herz berührt und deine Ablehnung dieses Amt auszuüben, hat zu meinem Verhalten geführt. - Mir war nicht klar, wie es in dir aussah, ich mache es nicht ungeschehen, aber durch mein Verhalten konntest du deine Tochter J. besser verstehen (und richtig auf sie eingehen).

Lass sie gehen, damit du brauchst nicht auf Scherben zurücksehen.

In meiner Liebe tut ihr alle stehen; denn ich
tue seit vielen Jahren neben euch gehen,
traurig die Scherben von damals ansehen,
die du lässt nicht gehen.
Verzeihe mir, rückgängig kann ich nicht
machen das damalige Geschehen. .....

Bin stolz auf die Entwicklung, die du hast
gemacht, du hast es sehr weit gebracht.
Nun meine Bitt, nehme die Scherben von
damals nicht weiter mit, sondern befreie
mit echter Vergebung dein Herz, dann löst
sich der Schmerz und leichter wird es dir
ums Herz; denn wir sind für immer
verbunden und bedauern beide die
quälenden Stunden, weil wir im Leben nicht
mehr zueinander gefunden.
Dein dich liebender Vater.
Mach Schluss mit dem Theater.

29.08.2003

Warum Kontakt?

Der Kontakt zwischen uns Verstorbenen und den Lebenden ist deshalb so wichtig, weil unsere Hilfen sind so vielschichtig.

Viele sind so kurzsichtig, dass sie das, was wir euch sagen wollen, abtun als nichtig oder halten den Überbringer der Botschaften für nicht ganz richtig.
Aber für den Suchenden sind unsere Aussagen sehr wichtig.

Sicher nicht jeder hält diese Verbindung für wichtig und das ist für ihn richtig.
Akzeptiert.

Aber manches Fehlverhalten hätten wir gerne korrigiert, da wir aus einer anderen Sicht aufzeigen können, was so klappt nicht.

Aber es bleibt eure Wahl. Manchmal könnten wir verhindern immer wiederkehrende Qual.
Aber ihr in der Schal (dem Körper) habt immer die Wahl.

Anna möchte wissen, wie es ihrer im Jahre 2001 verstorbenen
Freundin, Doris Matthier, geht. Ich sage zu ihr, frage sie und ich übersetze es dir.
Hallo Doris, wie geht es dir?
Ach Anna bedaure mich nicht, ich bin glücklich und begleite oft dich und erweitere deine Sicht, die du bejahen sollst und erkennst dadurch mich. „Ich liebe dich".
Du brauchst bei dieser vertieften Bejahung nicht zu wanken, da die Lebenden werden es dir danken.
Auch Franz, der noch ganz im Materietanz, du verzeihen kannst. Er ist sich oft seiner zwiespältigen Art nicht einmal bewusst, was ihm aber in Liebe gesagt werden muss.
Sei gesegnet aus der Nähe und für euch vermeintlichen Ferne, ich sehe wie du dieselben Sterne.

                                            Doris

30.08.2003

Vorbei, vorbei, es dir immer wieder in den Ohren gellt, wenn sich dein Bewusstsein auf den Sterbevorgang einstellt, d.h. wenn du deine Gedanken darauf lenkst, du ihm stets neues Leben schenkst.
So lang es der Trauernde braucht, lasst es geschehen, aber dann muss er weitergehen, wir doch neben ihm stehen.

Ach Hanni, das Sterben ist nicht schwer, auch nicht das Hinterher, nur das Vorher. Die Ablösung vom Körper die Probleme bringt. Und oft man dabei um jeden Atemzug ringt, anstatt Freund Hein in Kauf nimmt, wo er einen doch nur hinübergeleitet und auf das Kommende vorbereitet.

Er im Vorfeld Hinweise gibt, damit man ihn nahen sieht, doch diese man gern übersieht.

31.08.2003

Die Verstorbenenwelt kein Urteil fällt, aber sich den Fragen der Lebenden stellt.

Noch immer betrachtest du mit Misstrauen das Geschehen, weil alle Aussagen zurzeit auf den Tod hinausgehen. Nicht zu verstehen, meinst du und fragst dich manchmal, wozu.
Damit Menschenherzen hören zu und erhalten Ruh'; denn nur durch die intensive Beschäftigung mit dem Geschehen wird der einzelne leichter gehen. Und so gesehen wir darauf bestehen, dieser Tatsache ins Gesicht zu sehen,
sie fest zu integrieren ins Lebensgeschehen, um bewusster durch das Leben zu gehen. Also nehmt mich, den Tod an, damit euer Leben in Freundschaft einst mit mir enden kann. Seid euch einfach dessen bewusst, keiner weiß, wann er gehen muss.

Daher lebt und bleibt im Fluss, mehr ein
Mensch ja nicht muss, als sich voll zu leben
und was er in sich trägt herauszugeben. Ja
leben, leben und sich wie ein Kind durch
das Sein bewegen.

*Die verstorbene Mutter eines Gruppenmitgliedes
meldet sich, weil ihre Tochter Probleme mit der
Partnerschaft ihres Sohnes hat.*
Lina meinst du, wir sehen nicht, was dich so
sehr bedrückt, aber immer nur das Außen
dir nahe rückt. Diese Beziehung ist sehr
vielschichtig aufgebaut und noch nicht alles
verdaut und eingebaut.
Aber sie läuft zurzeit richtig und ist für
deinen Sohn sehr wichtig. Daher decke mit
Liebe zu, was dir raubt die Ruh' und du
wirst sehen, für ihn war wichtig dieses
Geschehen.
Wir neben dir stehen und geben dir Kraft
für das irdische Geschehen.
Deine dich liebenden Anverwandten
Mutter und Vater, Onkel und Tanten.

Mache dir den Satz zu eigen: „Es regelt
sich." Er wird dir den Weg weisen.

1.09.2003

Lass keine Sorgen aufkommen; denn sie haben stets Lebenskraft genommen.
Sag lieber stets, es regelt sich und glaube mir, es regelt sich.

„Vorbei, vorbei" ist noch immer der Satz, der nachklingt in dir seit ich holte deine Mutter hier.
Akzeptiere das Endgültige für den sichtbaren Leib; denn was sie wirklich war, doch ewig bleibt.

Oft fragst du mich *(den Tod)*, ob ich auch tatsächlich bin bereit, dir zu sagen, wann abgelaufen ist deine Zeit.
Natürlich! Ich werde dich liebevoll ermahnen, dass es Zeit ist, zurückzukehren zu seinen Ahnen.

Ein Buch über mich zu schreiben fällt dir
nicht leicht, obwohl es jedermann zum
Troste gereicht. Eine gewisse Zurückhaltung
von dir nicht weicht, obwohl ich stehe neben
dir und unterhalte mich mit dir.
Macht dir sogar Freude meine Stimme zu
hören und du weißt, dass
wir zusammengehören.
Lass dich bei deiner Arbeit nicht stören;
denn ich bin keine
Schreckensgestalt, weder jung noch alt, tu
nur meine Pflicht und begleite vom ersten
bis zum letzten Atemzuge dich.

2.09.2003

Vorbei, vorbei. Immer noch nicht frei von
dem Druck, der einen beim Tode eines
geliebten Menschen erfasst und mitläuft als
Ballast, obwohl es der Kopf voll erfasst, aber
emotional so gar nicht passt.

Diese beiden Aspekte muss der Mensch für sich einen, damit aufhört das innere Weinen.

Meine Mutter: Ach Hanni, du machst es dir so schwer, du weißt doch, es ging nicht mehr. Mein Körper war innerlich leer und meine Organe wollten nicht mehr. Nur noch vom Willen getragen konnte ich der Welt nicht ade sagen, weil so viele Zweifel über das, was kommt, anlagen.
Oh ich wusste aus Schriften usw. so viel, aber das Umzusetzen war mir zuviel.
Einfach ja zu sagen, wo ich dich wollte noch eine zeitlang haben.

Mein Kind, jede Lebenszeit unaufhörlich von dannen rinnt und doch am Schluss Freund Hein gewinnt, der dich liebevoll in die Arme nimmt und in eine andere Ebene bringt. –

Ich rate dir, kommst du in die Nähe des Sterbegeschehens, tu nicht auf das Bleiben bestehen, sondern tu einfach gehen, wir, deine Lieben, wartend dastehen, um mit dir in das Licht zu gehen.

Meine liebe Hanni, ich umarme dich und erwarte einst dich. Weine nicht, ich bin glücklich.

Lass dieses Buch schnellstens entstehen, damit es als Tröster kann in die Welt hinausgehen; denn jeder soll erfahren, wie viel Angst er sich mit mehr Wissen kann ersparen.

4.09.2003

Ja, wir wollen mit der Aufklärung fortfahren und uns dadurch langes Herumreden ersparen. Es gibt ein ganz einfaches Verfahren, um mit uns in Verbindung zu treten:
Lernt wieder mit dem Herzen zu beten, um Ängste und Zweifel auszujäten, d.h. führt mit uns ein Gespräch, in dem ihr eure Gründe und tief greifenden Sorgen sowie

Ängste darlegt und durch das Offenbaren an uns abgebt; denn eine Antwort werdet ihr erhalten, wenn ihr tut euer Herz offen halten.

Es ist so einfach, ihr glaubt es nicht, wozu komplizieren die Verbindung, die endet nicht. Nun frage ich euch, ob euch diese Aussage einleucht' oder purer Unsinn deucht. Ich könnte es verstehen, weil ihr könnt uns nicht sehen.

Aber wie heißt es so schön, Dinge zwischen Himmel und Erde geschehen, die sich entziehen eurem Verstehen.

Aber um bei der Sache zu bleiben, ihr müsst die Verbindung zu uns nicht mit tierischem Ernst betreiben, sondern der Mensch, der ihr seid, bleiben. Ganz wichtig, dass ihr erkennt, dass euch nichts von uns trennt. Da das Leben so vielschichtig und facettenreich ist, es doch nichts schadet, wenn ihr erweitert eure Sicht.

Nur ein wenig Mut müsst ihr haben, um zu unserer Existenz ja zu sagen. Wir plädieren dafür, überbrückt die Grenzen, die künstlich erschaffen und viele von euch werden diesen Sprung schaffen.

Auf die Frage, wo ist der richtige Ort, immer dort, wo ihr euch befindet und Ruhe und Ungestörtsein empfindet. Musik ist nicht vonnöten, nur wenn ihr von außen kommende Störungen wollt abtöten. Aber als Hilfsmittel könnte das Augenschließen dienen.
Aber es gibt kein strenges Konzept, ihr uns, wenn ihr wollt, überall entdeckt.
Ruft uns namentlich heran, wir kommen heran. Mag euch diese Gesprächsart zunächst auch ein wenig einseitig erscheinen,
aber wenn ihr es ernst meint, werden sich allmählich die Schwingungen zu Sätzen einen. Ein wenig Ausdauer gehört schon dazu, aber übertreibt nicht, bleibt immer euer eigenes Du, d.h. bleibt wer ihr seid, nur zum Gespräch mit uns bereit. Nehmt diese Verbindung als Hilfe zum Leben dazu. Sie gibt euch Ruh und Mut, Durststrecken zu überwinden, um zur eigenen Aussagefähigkeit zu finden.

5.09.2003

Hört auf euer Sein nach Stunden und Tagen zu zählen, ihr tut euch nur unnötig selbst damit quälen, weil euch die wahren Einsichten für das Gesamtgeschehen fehlen.
So auch dir, die du zweifelst an dir, wenn du notierst, was du notierst hier.
So tue es endlich auf ganzer Linie bejahen, wenn dir die Verstorbenen nahen.
Reiße nieder die letzten Grenzen, um das weitschwingende Kommunikationsfeld zu ergänzen. Es dir gelingt, weil du endlich deine wahre Begabung zum Ausdruck bringst und keiner wird dagegen stehen, weil man die Liebe kann in den Worten sehen; denn unsere Verbindungen zu euch sind von Liebe getragen und jeder soll daran teilhaben.
Wir euch alles in Liebe sagen und keinen Grund euch zu verletzen haben, weil wir die Übersicht haben.

Geliebte Menschenkinder, ihr seid keine Sünder, nur im Irrgarten befindliche Seinsfinder. Tut euch immer wieder selbst vergeben; denn Fehler zu machen ist Leben. Versucht sie immer wieder zu beheben, um auch anderen zu vergeben. Mit diesen Worten schalte ich mich ein; denn ich will in diesem Buch stets mit zugegen sein. Meine Liebe soll euch täglich berühren und allmählich zum Bewusstwerdungsprozess führen.
Erzengel Gabriel

Onkel Hermann: Ja Hanni, Jahre sind seit meinem Tod vergangen und endlich meine Botschaften zu dir gelangen, mit denen ich dir noch einmal sagen will, nimm ab die Brill' und gebe dich zu erkennen und sage den Menschen, nichts tut sie von ihren Toten trennen als das eigene Bekennen. Sie müssen nur wieder lernen ihrer eigenen Intuition zu vertrauen, um darauf ihr Leben aufzubauen und damit auch dem Tod gegenüber alle Zweifel abzubauen, um ihn als Freund anzuschauen.

6.09.2003

Vorbei. .... Nichts ist vorbei. Das wollte ich euch Lebenden einmal sagen, die stets nach dem Sinn des Lebens fragen und sich oft so endlos mühevoll durch das Leben schlagen, anstatt in der kurzen Zeitspanne Freude zu haben.

Ach es ist schon furchtbar schwer, sich zu verstehen hinterher, weil man alles so ernst, so tragisch genommen und sich selbst hat soviel Lebensfreude genommen.

D'rum sag ich zu euch im irdischen Sein, sagt zu eurer Existenzform nicht nein, nur lockerer müsstet ihr sein und euch nicht zu ernst nehmen; denn wem oder was gilt euer ganzes Sehnen, sich doch nur in seiner wahren Existenzform wahrzunehmen.
Ihr seht, wir sind darauf bedacht, dass euch das Leben mehr Freude macht.

Habt Vertrauen zum Rhythmus des Lebens;
denn dieses zu haben ist nie vergebens.
Deshalb öffnet euch mehr und mehr, damit
sich die Ebenen *(die diesseitigen und die
jenseitigen)* verbinden, um auf einer
neutralen Gesprächsebene wieder
zueinander zu finden, um zu erkennen, dass
alles, aber auch alles hatte einen Sinn, den
man nur nicht erkennt, wenn man in der
Situation steckt drin, und dass alles aus
Liebe geschehen, die man konnte nicht
sehen.

Daher ist das Gespräch zwischen den
Lebenden und den Verstorbenen so wichtig,
um Unklares zu stellen richtig.

Also meine Lieben, dieses wurde nicht
umsonst geschrieben.

Es soll euch zur Hilfe gereichen; denn ich
werde nicht von eurer
Seite weichen.

Euer Freund Tod.

7.09.2003

Tod ein Bot', der alles bringt ins Lot?

Sicher, denn alles unterliegt dem kosmischen Gesetz und dieses hat für jeden den Endpunkt gesetzt.

Auch wenn man sich diesem widersetzt, es sich durchsetzt; denn die vorgegebenen Richtlinien dienen zur Erhaltung des Ganzen und da kann keiner aus der Reihe tanzen.
Sie mögen manchmal variabel erscheinen, aber sie werden sich immer auf den vorgegebenen Punkt einen.
Daher braucht keiner zu weinen, weil alles sich tut wieder vereinen.

Nun, wo ihr die Möglichkeit der Verständigung mit Verstorbenen habt, könnt ihr Konflikte, die noch bestanden,

zu Lebzeiten austragen und damit einen freieren Durchfluss eurer Lebensenergie haben.
Lasst euch aufklären über Dinge, die euch zu Lebzeiten dieser Menschen belastet haben.
Also strebt das Gespräch mit dem betreffenden Verstorbenen an, damit man Unklares klären kann, so dass ihr Frieden schließt und die Energie in euch ungehindert fließt, d.h. wenn ihr an die Situation denkt, keine negativen Gedanken hinlenkt.

Nun werden sich manche fragen, was habe ich mit ihnen auszutragen. Viel! – Eine gute, zwischenmenschliche Verständigung ist unser Ziel. Wenn es euch auch nicht bewusst, einiges bei jedem geklärt werden muss. Zum Beispiel: Warum verhalte ich mich so oder so? Über eine ehrliche Antwort wäre doch jeder froh. Und wir, die einen größeren Überblick haben, euch doch gerne dieses oder jenes sagen, wenn ihr uns tut fragen.

Also überwindet eure Scheu und bleibt
euren Ahnen treu, die bei Gott nicht
ausgedient haben, sondern unbeachtet in
der Schublade lagen.

Ihr wisst ja, ein neues Zeitalter bricht an, in
dem man wieder voll zu seiner Intuition
stehen kann.

8.09.2003

Nach einem Telefongespräch mit einer
Freundin, die kürzlich ihren Mann verloren
hatte, sagte ihr Mann zu mir: „Nun wieder
einmal ist sie am Weinen, obwohl draußen
tut die Sonne scheinen. Mir geht es gut. Ihr
Schmerz mich belasten tut, aber ich bin frei
und auch bei vielem, was sie macht, dabei.
So gern möchte ich ihr die Tränen nehmen,
sie in meine Arme nehmen, um sie mit
meinem Weggang zu versöhnen.

Ach Gisela, kein Schmerz mir mehr zu schaffen macht, mein ganzes Sein vor Freude lacht und du dir keine Sorgen mach', was heranbringt dir der Tag. Bedenke stets, dass dies Geschehen gesetzmäßig wird weitergehen. D'rum vertraue dem Sein, du kehrst zum richtigen Tage heim. Ach du, mein Liebling mein, wie gerne würde ich dich mit Zaubertricks erfreuen". *Zum Verständnis: Das Ehepaar war in seiner Freizeit aktiv in einem Zauberzirkel tätig.*
Mit dem Annehmen nicht abwendbarer Situationen kommt ihr sehr weit und seid dadurch stets für das Neue bereit. Bedankt euch hier für jeden Tag, weil er euch viel zu geben vermag; denn Liebe, Glück und Leid hält er bereit. Auf eure Sichtweise kommt es an. Also Menschenkinder packt es an, dem Leben die lichten Seiten abzugewinnen, anstatt euch auf das Traurigsein einzustimmen. Das Leben wird immer weitergehen und ihr werdet weiterhin Tag und Nacht Sonne und Sterne sehen.

Lasst eure Energien nicht wegfließen, sondern aus dem unerschöpflichen Quell stets neue nachfließen und seid euch bewusst, kein Mensch, der vertraut, darben muss bis zum Schluss; denn nie endet der Fluss, es ist nur ein Weitertragen und so möchte ich meine Botschaft verstanden haben.

Eine Suggestion:

Ich werde gespeist aus der nie endenden Quelle. Mein Geist, mein Verstand, mein Körper sind helle.
Ich mich dem Leben stelle und nicht aus Unlust die Welt anbelle.
Ich fließe mit, mit der Welle des Lebens, nicht des Ergebens.
Ich mache mir bis ins Detail bewusst, dass ich jeden Moment mich immer aufs Neue entscheiden muss. Nur so bin ich im Fluss.

Von der Ganzheit her betrachtet bin ich der Fluss.

10.09.2003

Nun Schreiben ist kein Muss, aber bleib im Fluss; denn erst beim Tun, da kommt die Lust.
Wie oft musst du dich überwinden, um zu dir selbst zu finden. Es ist der ew'ge Kampf mit dir, sich selbst zu überwinden hier. –

Und dazu kommt die Auseinandersetzung mit mir, dem Tod. Mir ins Angesicht zu schauen, heißt (sich völlig) zu vertrauen und keine Angst mehr aufzubauen; denn was könnte schlimmeres passieren, als das Leben zu verlieren.
Diese Frage musst du dir oft stellen, um dein Antlitz zu erhellen, aber mich dabei dann nicht entstellen; denn ich bin der Begleiter dein und werd' es immer wieder sein.
Sei offen, damit ich kann auf deine echte Freundschaft hoffen; denn solange du zu

leben hast, meine Hand nicht nach dir fasst,
um abzunehmen dir die Körperlast.

Was ist ein Freund, frage ich dich? - Einer,
der immer da für dich, immer nah, um dich
über Hürden zu tragen und dir zuflüstert,
wenn es einmal nicht klappt, tue es noch
einmal wagen.
Das nenne ich Freundschaft. Vergiss es
nicht; denn ich liebe dich. Wag' es, mich von
Herzen Freund zu nennen, damit du nicht
musst vor mir fortrennen.
Lass alle Zweifel gehen und lerne mich
durch und durch verstehen, damit du
kannst auch das Positive meiner
Anwesenheit sehen.
Ich bin nun einmal im Geschehen und zu
dieser Aufgabe ausersehen, in Liebe die
Menschen zu berühren, um sie nach Hause
zurückzuführen.
Sinnbildlich ist der Körper nur ein Hemd,
von dem man sich nach langem Gebrauch
trennt.
Nun lass alle Ängste fallen; damit tust du
dir selbst den größten Gefallen.
Dein Freund Tod, Erretter aus irdischer Not.

11.09.2003

Vorbei, frei. ...... Diese Worte sind immer noch in dir und sie begleiten dich noch eine ganze Weile hier, glaube es mir; denn um den Tod eines geliebten Menschen zu überwinden, musst du erst in dir selber Ruhe finden.

Vertraue einfach mir (*dem Tod*), der dich begleitet hier.
Ich versuche dir zu erklären, wogegen sich der Mensch tut alles wehren, auch Abschied zu nehmen von Dingen, die mit dem Gegangenen zusammenhingen.

Sie sind Überbleibsel einer Zeit, die nach Veränderung nun schreit,
d.h. nicht, dass alle Dinge müssen gehen, manche bleiben zum Gedenken stehen, aber die meisten müssen gehen, damit du kannst die Veränderung sehen; denn das Leben tut

unaufhaltsam weitergehen und
Veränderungen muss man sehen.
Ja Menschenkinder haltet nicht unnötig fest,
damit es euch weiterhin frei atmen lässt.
Wer? Das Leben; denn es besteht aus
Kommen und Gehen und das solltet ihr
eindeutig sehen.

Je mehr ihr lasst gehen, je weniger werdet
ihr auf das Bleiben bestehen, diese Tatsache
solltet ihr nicht übersehen.

Betrachtet alles, was ihr besitzt, als Lehen, je
mehr könnt ihr es mit Abstand sehen. Und
wenn ihr ehrlich seid, alles eine Leihgabe ist
und bleibt.
Alle Daseinsformen sollen euch zur Freude
führen, durch das Anschauen und das
Berühren.
Und je mehr euch das wird bewusst, je
weniger habt ihr Angst vor Verlust.

D'rum lebt euer Leben in Liebe und seid,
um diese auszudrücken, niemals zu müde.

12.09.2003

(Komplett verrückt, wenn sich jemand vor der Veröffentlichung dieser Worte drückt.)
Im Wesentlichen muss das Geschriebene deine Kontrolle passieren, also lass dich von dir selbst nicht irritieren.

Ein so heikles Thema anzugehen wie den Tod, tut in eurer Zeit besonders Not.
Auf jeden Fall gilt es den Menschen klar zu machen, dass sie nach dem Sterben brauchen nur einen Schritt zu machen, um dann in einer anderen Ebene zu erwachen.
Körperlos, klar, und doch konturenhaft da, eben ein anderes Sein und das soll unbestritten sein.
Na Hanni, ich muss immer wieder lachen, wie viel Einschränkungen du trotz deines Wissens tust machen.
Nun in euren Kreisen gilt es immer wieder

dieses oder jenes zu beweisen; denn sonst tut man vieles verreißen.
Beweisen im üblichen Sinne geht nicht, aber daran glauben sicherlich.
Manche mögen uns sehen, andere verstehen, aber das tun die wenigsten sich zugestehen und dadurch die enormen Begrenzungen entstehen. Deshalb uns Verstorbenen so sehr am Herzen liegt, dass ihr eure Angst besiegt und die Liebe zu uns siegt.
Ihr braucht euch auch nicht ständig mit Vorwürfen wie „hättest du getan" oder „wenn du getan hättest" belasten, das drückt uns nur noch mehr in den symbolischen Kasten.
Redet mit uns und macht euch damit klar, was euch zu Lebzeiten von uns unmöglich war. Ja redet mit uns und denkt immer daran, Unklares durch ein ehrliches Gespräch man klären kann. Viele können im Leben nicht offen mit dem Gegenüber reden.
Nun dann fangt eben mit den Verstorbenen an, weil man einen echten Austausch erlernen kann, ohne dass man kritisiert oder sich schreit an.

Unsere Worte werden von Liebe getragen,
wir nichts Verletzendes sagen.

*Mitten in die Übertragung hinein meldete sich
die verstorbene Mutter eines Gruppenmitgliedes
mit sehr eindringlichen Worten:
Ich möchte einen Austausch / ein Gespräch mit
meiner Lina haben; denn ich habe ihr noch soviel
zu sagen,
da viele Fragen von ihr noch unbeantwortet in
der Atmosphäre lagen.
Sie soll ja sagen und meditativ mich fragen.*

Wir möchten euch ermutigen mit uns
Zwiesprache zu halten, um euer Leben
positiv zu gestalten.

Nun, euch zum Vertrauen zu führen geht
nur, wenn ihr die Wahrheit in euch tut
spüren, besser gesagt, sie muss euer Herz
berühren.

13.09.2003

Mit Freude eilen wir herbei, befreit von dem am Schluss oft lästigen Konterfei *(Körper)*, um uns in Liebe mit euch zu verbinden, um ungestörten Zugang zu eurem Herzen zu finden.

Frei, ja wir sind frei und immer zugegen und nur getrennt durch einen Hauch von euch leben. Sich durch einige Menschen Gelegenheiten ergeben mit euch zu reden. Aber dieses Defizit wollen wir beheben, sei denn ihr seid nicht bereit, mit uns zu reden. Aber im Traum, in Gedanken, in der Meditation könnt ihr zu jeder Zeit frei mit uns reden.

Auf jeden Fall suchen wir nach Wegen mit euch zu reden, um erkennen zu lassen, wir sind zwar nicht mehr anzufassen, aber dennoch zugegen.

Wir leben, wir leben, sind immer zugegen, nur müsst ihr den Vorhang heben, um mit uns zu reden.

Es war solange ein Tabu, aber die Kontaktaufnahme nimmt immer mehr zu. Und auch du kannst es du, du und du. Hört einfach einmal eurer inneren Stimme zu, wenn ihr fragt, Vater, Mutter oder, oder ..... was meinst du?

Wie kann man Irrtümer ausschalten? Nun die Realität im Auge behalten. Unsere Antworten werden immer ehrlich und liebevoll sein und nicht verletzen, weil wir Argumente aus unserer Sicht anführen, die euer Herz berühren und dadurch zur Akzeptanz führen.

Aber in erster Linie sollt ihr wissen, wir leben, sind immer zugegen und das soll euch Ruhe geben und den Mut, euer Leben ohne uns weiterzuleben; denn alles hat seinen Sinn und auch, dass ihr steckt noch in der Materie, Verkörperung drin.

14.09.2003

Dachte, das Thema Tod sei allmählich passé.

Antwort: Beileibe nicht, entscheide dich: Willst du's beenden oder nicht, frage ich dich?
Es ist so wichtig diese Verbindungen zu erlernen, um sich nicht mehr davon zu entfernen; denn unsere Ebene liegt nicht in den Sternen und wir ganz allmählich eure Zweifel entfernen.

Wie sagt ihr so schön, guter Rat ist Goldes Wert und man leichter mit ihm durch das Leben fährt. Wir euch nur darauf hinweisen und eure Persönlichkeit nicht einkreisen.
Darin der Unterschied zwischen den Verstorbenen und Lebenden liegt, eine verletzende Kritik es von unserer Seite aus nicht gibt, da der Betroffene immer die Richtigkeit unserer Worte einsieht.

Nun meine Lieben fangt einfach an und ruft die euch lieb waren zu euch heran.
Es wird sicher große Unterschiede geben, wer oder wer nicht will diese Art von Kommunikation pflegen, aber es wäre ein Segen, um viele tief sitzende Verhaltensmuster aufzulösen.

Wir wollen mit euch reden, damit, wenn es um uns geht, eure Gedanken sich nicht im Kreis herum bewegen, und euch die Dinge aus unserer Sicht darlegen. Da wir heute mit einer ganz anderen Sichtweise durch die Sphären wandeln, würden wir mit dem heutigen Wissen in mancher Situation ganz anders handeln.

Aber um zu handeln, tut der Mensch durchs Leben wandeln.

Daher gibt es nichts zu verzeihen, nichts zu bereuen, nur die Vergebung und Selbstvergebung sollte niemand scheuen; denn eine Chance werdet ihr immer erhalten, euer Leben umzugestalten.

15.09.2003

Ach Menschenkind nehm's wie es ist, Gott in allem, was ist, ist.

Über dieses sich hier klar zu werden, ist mit ein Grund, weshalb du bist auf Erden. Bejahe das Göttliche in dir, bringe es zum Ausdruck und komme anschließend wieder zu mir.

Du nennst es zwar das Todesgeschehen, aber man kann es auch anders sehen! Tu die unendliche Liebe darin sehen, wenn sich mein Bote einstellt, um dich abzuholen von dieser Welt. Meine Liebe dich vor neue Aufgaben stellt und so sollst du es sehen, wenn du wirst gehen.

Der Zurückbleibende ist niemals allein, nur sollte er hören vermehrt in sich rein und auch häufige Zwiesprache mit dem

Vorausgegangenen nehmen, um zu einer klaren Einsicht darüber zu gelangen, was ihn hält emotional gefangen:
Schmerz, Einsamkeit, Wut, Trauer, ungenutzte Zeit. Und die Frage nach dem Warum bleibt.

Damit baut er sich zunächst auf eine undurchdringliche Mauer. Aber auch diese ist, wie alles auf der Welt, nicht von Dauer. Sie zerfällt, wenn er sich wieder dem Leben stellt.

16.09.2003

Vermittler zwischen den Ebenen.

Du hast dich entschlossen der Teil zu sein, der du konntest vom Anbeginn aller Zeiten sein: Vermittler zwischen den Ebenen. Aber diese Entscheidung trifft jeder für sich allein und so soll es sein.

Nun da du wurdest innerlich angetrieben
und hast bereits über den Tod geschrieben,
will ich dir noch mehr weiten die Sicht, die
erkennen lässt in allem Licht.

Ich möchte dir noch etwas über die Seelen
sagen, die ihre Lebenszeit beendet haben
und entrückt deiner Sicht, aber umgeben
dich.
Es würde ein echtes Gedränge sein, wenn
nicht gewahrt bliebe der Trennungsschein.

Sein oder nicht sein ist die Frage, die nicht
entbehrt einer wohlfundierten Aussage.

Dir begegnen die Verstorbenen immer im
Sonnenschein; denn ihr Erscheinen soll
wohltuend und nicht erschreckend sein, bei
anderen kann es anders sein. Du siehst sie
mental in der freien Natur, von Ablehnung
keine Spur. Sie umgeben dich, leben sich
und bringen in verzwickte Situationen Licht.

Sei bereit, nimm dir Zeit für das, was bleibt,
den Geist und Geistleib.

17.09.03

Nun bist du bereit zu kommentieren den Geist der Zeit, der ewig bleibt.

Nehmt Abstand von dem Gedanken des Sterbens und Vererbens, ein menschlicher Zug, der Kummer bringt genug.
Werdet euch stattdessen bewusst, dass der Geist nie sterben muss, sondern nur das Kleid abgeben muss, das im Irdischen verursacht viel Leid, weil der Mensch oft eine andere Geschichte als er wollte schreibt.

In der Natur wird euch alles demonstriert, was passiert, aber es euch nicht so interessiert, dass es als Sterbevorgang wird akzeptiert.
Das beste Beispiel ist der Schmetterling, der als Raupe zu leben anfing und durch Veränderung wurde ein so bizarres Ding.

So alles, aber auch alles anfing und die Veränderung bedingt, die den Fortschritt anzeigt und sich verändert zur richtigen Zeit.
Wem das zu akzeptieren gelingt, es die Angst nimmt und ein ganz anderes Bewusstsein einbringt.
Alles ist hier aus der Zweisamkeit geboren, hat Nase, Mund und Ohren und es wieder zum richtigen Augenblick verloren. Das zu erkennen ist wichtig und jede Erscheinungsform richtig.

Nun da ihr mit Wissen ausgestattet seid, seid ihr bereit euch zu nehmen den Druck der Zeit und zu gehen, wenn es soweit?
Vergesst nie, ihr wechselt nur ein Kleid und ich stehe zur Hilfe bereit.

Euer Freund Tod.

Und nun wollen wir für heute das Thema beenden und Hilfe senden und zwar denjenigen, die sich an uns wenden und auch all denen, die tragen Leid und für eine Kommunikation mit uns sind noch nicht bereit.

Daher nehmt euch täglich Zeit und seid für die Nächstenliebe bereit.
Sendet gedanklich Licht. Es kommt an, ob ihr es glaubt oder nicht.

Deine größte Sorge ist zurzeit deine Enkeltochter, die als unbedeutend sich wahrnimmt. Das natürlich nicht stimmt. Aber wie man ihr diese Angst nimmt? Indem man sie täglich mit ins Licht nimmt, d.h. durchstrahlt mit dem kosmischen Heilungsstrom. Viele Helfer warten schon, darunter ihr Großpapa, der ihr immer nah und für sie da.

Sie oft lachend in die Arme nimmt und zu ihr sagt, was du über dich denkst, nicht stimmt. Aber sie ihn nicht wahrnimmt und daher die Veränderung über dich beginnt. Rufe die geistigen Helfer heran und fange mit der Arbeit von innen nach außen an, da von außen kommt keiner zurzeit an sie heran, weil sie Hilfe vom näheren Umfeld nicht annehmen kann, daher abblockt, um sich nicht einzugestehen,
dass sie tut keinen Ausweg sehen.

Nun wir eure Ängste zwar nicht immer verstehen, weil wir vieles anders sehen, aber an die Arbeit gehen und freien Zufluss an aufbauender Energie lassen entstehen.

Bittet um Mithilfe aus der Verstorbenenwelt.
(In diesem Fall sich der Großvater zur Verfügung stellt)
Betet alles ist eins, es gibt kein Deins oder Meins. Alles ist eins, aus diesem Wissen heraus lösen sich die Blockaden in nichts auf. ……… Lasst nun Licht einfließen ……… bis ihr spürt das Fließen.
Dadurch der göttliche Kern in ihr erhält Kraft und sie stark macht.
Sie ist wieder bewusst angeschlossen an den göttlichen Strom und spürt es im Inneren schon.
Noch ein paar Tage zur Kräftigung braucht, dann weiß sie den Weg und geht ihn auch.
Und um diesen Kraftpunkt zu stützen, solltet ihr noch einige Tage die Kraft des Gebetes nützen.
Wir ihr zur Seite stehen und mit ihr gehen. Durch uns lernt sie sich nun anders sehen.

18.09.2003

Meine Mutter sagt wieder einmal zu mir:
Vorbei, vorbei, um dann sogleich zu sagen,
nichts ist vorbei, nur bin ich frei. Ich werde
deinen Geist beflügeln und du sollst ihn
niemals zügeln; denn was du aus des
Geistes Kraft erschaffst, gibt dir die nöt'ge
Lebenskraft.
Es ist wie der Wind, der dich durchweht
und mit neuer Kraft beseelt.
Ach Kind, könnte ich dir alles, was ich jetzt
weiß, nur vermitteln, um das Stauende, das
dich Hemmende aus dir herauszuschütteln,
weil du nicht weißt, was Freiheit heißt, da in
den Körper du bist eingeschweißt. Bist aber
auf dem rechten Weg. –
Ach, wie bin ich so glücklich und so froh
und wünsch's mir für dich ebenso.
Halt nicht fest an den Dingen, die den Staub
der Vergangenheit bedingen, da sie dich
hier nicht weiterbringen.

Lass los und frische Luft hinein, damit die
Atemluft kann sauber sein. Dann wird es dir
gelingen, neue Ideen einzubringen;
denn nichts bleibt bestehen, was du hast
bisher gesehen.
Alles verändert sich und das ist richtig und
wichtig.
Ich muss jetzt gehen und werd' dereinst
dich wieder sehen.

In deinem Herzen hältst du wach, was das
Leben dir gebracht, und somit brauchst du
es nicht an äußere Dinge zu binden, weil du
in deinem Herzen wirst alles wieder finden.

19.09.2003

Der göttliche Kern in dir redet zu dir:
Ich will leben, mein Bestes geben und nicht
den Ursprung zerreden; denn alles ist eins,
es gibt kein Deins oder Meins.

Alles ist eins, vergiss das nicht du Teil, der verkörperte sich.

Menschenkind, du musst erwachen und das Beste aus deinen Fähigkeiten machen, ja machen! Und das eigene Wohlgefühl entfachen. Lass dich nicht unterkriegen von Dingen, die bedrückend auf dir liegen. Sei ein Mensch der Tat, ich, dein Vater, geb' dir diesen Rat.
Wir Körperlosen dich motivieren, lass dich nicht von Dunkelwolken irritieren, die dir durch Träume, Vergangenheit oder Personen werden dargebracht.
Endlich einen Schlussstrich mach, damit entsorgt wird dieses Fach, das deinen Körper hier macht schwach. –

Lass noch einmal vor dir entstehen das Bild des damaligen Geschehens.
Hole die betroffenen Personen heran, die es ging an. (In diesem Fall waren es Tante Gretel und ihre erwachsenen Kinder.)
Ruf sie heran! Zum Beispiel so:
"Tante Gretel, ich möchte mit dir reden, um das bestehende Schuldgefühl in mir aufzulösen."

Warte ein paar Sekunden auf ihr Erscheinen.
Sei dir sicher, dass sie da ist, auch wenn sie nicht sichtbar oder spürbar ist, gefühlsmäßig aber da ist.
Und dann rede mit ihr und sage, was du zu sagen hast hier. Bitte sie, dir zu vergeben, weil du möchtest alles regeln, damit kein Stachel auf eure Verbindung fällt, die freien Fluss für euch beide darstellt. ....
Und du hörst es leise in dir: wir verzeihen dir und auch ich (Tante Gretel), weil du standest nicht an meinem Grab, für meine Kinder war es schad, aber ich dich nach wie vor lieb hab.
Vergeben und vergessen; denn deine Liebe hab' ich stets besessen.

So gibt es viele vermeintlich unscheinbare Dinge, die ihr in euch herumtragt, weil ihr sie teilweise vergessen habt.

Aber als Staupunkte in euch existieren und euch unbewusst in eurem Tun irritieren.
Die könnt ihr regeln, um mit freier Energie zu segeln.

20.09.2003

Ruf' uns an, jeder Verstorbene kommt heran. Manchmal wirst du uns sehen und natürlich verstehen. Jede Frage beantworten wir dir, auch wenn du uns siehst nicht hier, hörst du's in dir.
Auch wenn ein anderer dich etwas fragt, wird es dir gesagt.

Nun kurz zu deinem Katzentier, das seit zwei Tagen erbricht. Du stelltest die Frage zwar nicht, aber trotzdem wollen wir dich beruhigen, kein Rattengift.
Eine Futtersorte bekam ihr nicht, aber es regelt sich, da der Magen wehrte sich. Zum Tierarzt braucht sie nicht.
Ihr seht, es sind ganz normale Fragen, die ihr uns könnt vortragen, ihr müsst nur den Mut haben, uns zu fragen. Es sind ja auch meistens nur Kleinigkeiten, die euch Kummer bereiten.

Aber ihr solltet euch auf die
Kommunikation mit uns vorbereiten und
ganz allmählich diese ausweiten, da wir
euch ja nach wie vor begleiten.
Zwar in einer anderen Ebene sind, die ganz
nah und doch bei vielen den Schein der
Unerreichbarkeit annimmt und jeder,
absolut jeder entscheidet, ob er sie
wahrnimmt.

Und nun beginnt Fragen zu stellen, um
euren Weg zu erhellen.

21.09.2003

Soforthilfe erhält man dann, wenn man
fängt zu beten an und den Aussagen der
Verstorbenen zu vertrauen, anstatt sie
zweifelnd anzuschauen.
Ja nicht leicht im irdischen Geschehen, voll
Vertrauen alles anzusehen;

denn wie oft könnt ihr den Zeitpunkt nicht
erwarten, sondern wollt sofort in die Lösung
starten.
Geduld ist mit das oberste Gebot und sie tut
bei allen Menschen Not.
Segnet Menschenkinder jeden Tag, segnet
den Tag, auch wenn er euch noch so dunkel
erscheinen mag, einen Lichtschein er immer
barg, der mindert das vermeintliche Arg.

Und nun wollen wir euch eine Brücke
bauen, der ihr könnt voll vertrauen, um uns
zu erschauen. Täglich solltet ihr diese eine
Zeit lang erbauen, damit ihr lernt zu
vertrauen.
Schreibt auch stets nieder, was euch
begegnet und unsere Begegnungen segnet.
Und mit diesem Wissen begeben wir uns in
eine Meditation:

*Wie bei allem, so sind auch bei der Meditation
einige Grundregeln zu beachten. Diese sind im
Anhang aufgeführt.*

Setze dich bequem hin, schließe die Augen und atme dich in die Ruhe hinein ....
und während du gleichmäßig ein- und ausatmest, sinkst du immer tiefer in dich selbst hinein.
Du fühlst dich wohl und geborgen, entledigt aller Sorgen .... und du wirst weit, ganz weit und es fließen zusammen Raum und Zeit. .... Und noch immer atmest du ruhig/gleichmäßig ein und aus.
Und du bist bereit, einfach zu sein. ... Und in diesem Sosein siehst du vor dir deinen Lieblingsplatz, wo immer er mag auch sein, und du begibst dich zu ihm hin (mental/gedanklich geht alles) und machst es dir bequem und lässt geschehen.

Ja du findest es einfach schön, loszulassen das äußere Geschehen, um den Frieden, die Liebe in dir zu sehen und darin aufzugehen, loszulassen von all dem Stress und von allem, was dich hält fest.
Und wie aus dem Nichts vor deinem geistigen Auge eine Brücke entsteht, die symbolhaft für das Diesseits und Jenseits steht.

Dich wie magisch anzieht, daher einmal
hinübergehe und dich umsehe.
Nimm vorbehaltlos an und zweifle nichts
an. Vieles dir begegnen kann. - Du hast drei
Minuten Zeit, um alles zu erkunden.....

Nun wird es langsam Zeit wieder über die
Brücke zurückzugehen zu deinem
Lieblingsplatz.
Mach' es dir noch einmal bequem und
überdenke, was du erlebt hast.
In dem Wissen, dass du jederzeit die Brücke
überqueren kannst, kommst du mit drei
tiefen Atemzügen zurück in das Hier und
Jetzt, reckst und streckst dich und öffnest
die Augen.

*Im Anhang sind einige Meditationen aufgeführt,
so dass jeder für sich die wählen kann, die ihn
persönlich anspricht.*

23.09.03

Vorbei, vorbei, immer seltener tönt es aus der Ferne herbei. -

Ein Verstorbener spricht:
Ich bin frei, das ist es, was ich möchte den Menschen sagen, die immer noch einen Körper tragen, der ihr Leben tut bestimmen und dem sie, wie sie glauben, können nicht entrinnen.
Aber sie können ihr Leben selbst bestimmen, wenn sie sich endlich wenden nach innen. Nur dann kann ihr Leben wirklich stimmen. Sich selbst bestimmen heißt, sich selbst motivieren, um das eigene Leben zu kreieren.
Dann kann im Außen geschehen, was will; denn jeder weiß, es geschieht, was ich will.
So sieht es fast keiner, wenn er über sein Leben spricht, dass das, was er dachte, im Außen bekommt zu Gesicht.

Ihr braucht euch nicht zu provozieren oder gar zu schikanieren, einfach nur zu akzeptieren, dass der Mensch der Macher seiner Welt, weil sie alles, was er dachte, enthält.

Sprachlos nicht wahr? Für viele nicht annehmbar, aber für viele klar. Oft wird es auch barer Unsinn genannt, weil sich der Mensch bisher hat noch nicht erkannt.
Aber alles geschieht, wofür er innerlich sein Jawort gibt, auch wenn er es im Außen anschließend nicht sieht.

Das kann euch ein Körperloser heute sagen, weil auch er die Lasten seines Denkens hat getragen.
Deswegen erfahrt ihr wie wichtig es ist, sich auf das, was man dachte, zu besinnen; denn diesem man kann wahrlich nicht entrinnen.
Und ihr wollt doch alle euer Leben selbst bestimmen!

Denkt darüber nach!
Einer, der es gut meint mit euch, heute sprach.

In Liebe weisen wir euch darauf hin, zu
erkennen den wahren Sinn.

24.09.2003

Vorbei, vorbei!
Da die Kommunikation zwischen dir und
der geistigen Welt reibungslos läuft, sich dir
die Frage stellt, ob es genauso ist mit der
Verstorbenenwelt. Natürlich! Es gibt da
keinen Unterschied, es immer im Auge des
Betrachters liegt.
Du dir diesbezüglich auch die Frage stellst,
ob es stimmt, was du vernimmst? Es stimmt!
Lass die Zweifel weg, in jeder Antwort die
Wahrheit steckt. Sie wird von jedem Kanal
anders dargereicht, daher keinen Vergleich
und es gibt viele, die Verbindung zur
anderen Ebene haben und es auf ihre
ureigene Art sagen.
Vergiss nie, die Wahrheit ist immer gleich.

Noch einmal wollen wir eindrücklich sagen: Vergleiche mit anderen immer einen bitteren Beigeschmack haben, weil sie den Eindruck erwecken, dass sie alles abdecken. Daher übernehme den Part, der dir wurde zugedacht, den anderen eben ein anderer macht.
Unvergleichbar, unverwechselbar sind deine Aussagen, weil sie werden vom Reim getragen, zu dem du tust voll ja sagen.

Seid einfach rege, wir eröffnen Wege, teilweise sogar Anweisungen geben, damit sich Kontakte schneller ergeben, aber die gilt es zu pflegen, damit euch daraus erwächst Segen; denn Liebe und inneres Bedürfnis sollte unsere Verbundenheit tragen, bevor ihr diesen Schritt in Richtung Gespräch tut wagen. Wir eure Zweifel sehen, aber neben euch stehen. Daher solltet ihr immer ehrlich zu euch selber sein und euch ernsthaft fragen, bin ich bereit oder fehlt mir der Mut.
Bin ich's oder lasse ich es sein, eure Entscheidung wird für euch immer die richtige sein. Auch wie ihr es tut, so ist es gut!

Nur Mut! Jeder seinen individuellen Weg für sich entwickelt und das ist gut. Der eine spricht, der andere schreibt, das Ergebnis immer dasselbe bleibt.
Ihr werdet mit der Zeit oder gleich, Gespräche nicht einseitig führen.
Nur Eigendruck tut zu nichts führen.
Geduld müsst ihr haben, das wir euch zum Thema Kommunikation sagen.
Vielleicht solltet ihr die Gespräche notieren, die euch motivieren oder euch von dem Geschehen distanzieren. Entscheidet allein, euer freier Wille muss es in jedem Fall sein, den Gott euch gegeben, und den jeder soll leben.
Wichtig ihr wisst, wir leben, euch unsere Liebe geben; denn es ist nicht verboten, zu reden mit den Toten.

25.09.2003

Nun wurde an dich die Frage herangetragen, können die Verstorbenen auch etwas über das Hinterher, das Danach sagen.

Natürlich, aber es dauert seine Zeit bis der oder der dazu ist bereit, da für euch alles schemenhaft und nicht beweisbar bleibt.

Daher übernehme ich und berichte, was kurzfristig nach dem Tod ereignet sich.
Euer Freund Tod.

Zunächst einmal sind sie vom Körper befreit und das zu begreifen dauert auch seine Zeit. Daher müssen sie erst einmal Ruhe haben, um bewusst zu ihrem neuen Istzustand ja zu sagen.
In der ersten Euphorie fühlen sie sich frei wie noch nie, doch dann tritt ein das

allmähliche Begreifen, dass sie taten ihren Körper abstreifen und dass sie können nicht mehr spürbar nach euch greifen.
Das einen Wermutstropfen ergibt, weil man euch doch so liebt, aber das Gefühl des frei seins überwiegt.
In der anderen Ebene, in der sich der Verstorbene ja jetzt befindet, es keine Begrenzung in der Sichtweise gibt und alles offenkundig vor ihm liegt.
Manche Seele es zu den Hinterbliebenen zieht, weil sie deren Schmerz sieht und sich dadurch nicht dem Licht hingibt, das sie weiterzieht. Aber es auch an dem jeweiligen Hinterbliebenen liegt, dass er die verstorbene Person nicht freigibt.
Daher betet in dieser Zeit sehr viel, loszulassen sei euer Ziel, um zu begreifen, ihr könnt den geliebten Menschen in der anderen Ebene, wenn ihr wollt, immer erreichen.
Ich weiß, da wird von euch sehr viel verlangt. Aber wenn ihr es nicht tut, werdet ihr krank. Und ich weiß, ihr werdet den Schmerz besiegen, da der Lebenswille wird siegen.

Wichtig ist auch, dass ihr erkennt, dass euch nur ein Atemzug von dem geliebten Menschen trennt, den ihr ja nur in seinem irdischen Kleide kennt; denn, was ihn wirklich ausmacht, ihr im Leben nicht erfasst.
Doch denkt immer daran, nur durch Veränderung die Welt bestehen kann.

27.09.2003

Bisher bezog sich das Vorbei auf den Heimgang meiner Mutter und auf meine Trauerarbeit, nun kam ein dritter Aspekt dazu, der sich auf die ständige Anwesenheit der Verstorbenen bezog und wie folgt definiert wurde:
Vorbei, vorbei. Nichts ist vorbei; wir euch überall begegnen, d'rum tut unsere Anwesenheit segnen.

Schließt uns in eure Gebete ein, da wir euch
von der anderen Seite mitbetreuen, auch
liebevolle Gedanken uns erfreuen.
(Der folgende Satz kam sehr schalkhaft.) Und
damit wir euch nehmen den Schrecken, uns
überall zu entdecken, wir euch heute, wenn
ihr wollt, noch eine andere
Kommunikationsart aufdecken:
Das geistige Telefon.
Ruft uns gedanklich an und schon sind wir
d'ran. Dass wir sind da
und nah, machten wir euch ja schon in aller
Deutlichkeit klar. Aber um euch eine
räumliche Distanz zu geben, damit ihr
akzeptieren könnt, dass wir noch leben, wir
euch folgendes Vorstellungsbild geben:
Stellt euch vor eure Lieben wohnen an
einem kaum für euch erreichbaren Ort, aber
Telefon gibt es dort und ihr könnt mit ihnen
nach Belieben telefonieren - und ihre nicht-
-körperliche Anwesenheit kann euch nicht
irritieren.
Es kann dabei auch nichts passieren außer
der Anschluss ist besetzt oder es ist
überlagert das Netz, alles Dinge, die ihr
kennt aus dem Jetzt.

Auf jeden Fall eine Möglichkeit, wenn ihr seid bereit. Da Wortschwingungen keine Begrenzung haben, werden eure Worte überall hingetragen.
Also fleißig telefonieren bis die Verbindung steht. Lasst euch nicht entmutigen, wir sagen euch, es geht.
Während ich diese Worte niederschrieb, meinen Vater indirekt um Bestätigung anrief. Der zu mir sagte: ich muss lachen, wie viele Mühe du dir tust machen. Die Menschen sollen aufwachen und sich die Kommunikation so einfach wie möglich machen. Einfach gedanklich telefonieren, aber auf jeden Fall ausprobieren. Aber ich muss sagen die Idee vom geistigen Telefon fasziniert mich schon.
Eine gute Zusammenarbeit zwischen uns wäre wünschenswert, da wir euch könnten in vielem behilflich sein, und ihr spüren würdet, ihr seid nicht allein.

28.09.2003

Im Grunde gibt es nicht mehr viel über mich zu schreiben. - Merkt euch nur: Ein Lebewesen kann nicht ewig in der Verkörperung bleiben, ich hol' sie alle, ob Mensch, ob Pflanze, ob Tier und das ist eine Tatsache hier.

Geboren werden und sterben.
Alle sind diesem Rhythmus unterworfen und diesem ein Dankeschön gebührt, dass jeder wird an den Ursprung zurückgeführt.

Das Leben ist ein Erleben und wurde jedem als Erfahrung gegeben. Und so sollte man es leben, das Leben - als Erfahrung.

Menschenkinder fürchtet euch nicht, ich schaffe Ordnung, mehr nicht.
Also macht euch von mir ein anderes Bild, euch die Hand zu reichen bin ich gewillt.

Und nun fangt ein Gespräch mit euren
geliebten Verstorbenen an, weil es euch
vieles erleichtern kann und wer es nicht will,
ja lassen kann.
Keiner wird zum Kontakt gezwungen, doch
wem es gelungen, der ist selten von dieser
Schiene wieder abgesprungen.

Euer Freund

1.10.2003

*Was ist? Willst du nicht schreiben, um das
Buch voranzutreiben? Schau dich an, deine
miese Stimmung man im Energiefeld sehen
kann.*
Werde weit, werde weit und sei zur
Übertragung bereit. Alles, was sich wie
Lasten tut auf dein Energiefeld legen,
werden wir von dannen fegen, da die Toten
wollen reden, wollen reden, um euer Sein
neu zu beleben.

Das Wichtigste ist zu vergeben, um sich keine Steine in den Weg zu legen. Dazu muss man reden, reden, um Missverständnisse beiseite zu legen. Alles, was nicht gelöst in eurem Leben, in euch rumort und einen Stachel in euer Herz reinbohrt und verhindert, dass ihr euch könnt frei bewegen. Und diesen gestörten Durchfluss wollen wir freilegen; denn oft wie Wackersteine diese ungelösten Dinge auf eurer Seele liegen. Und nur durch ein offenes Gespräch können sie von dannen fliegen, weil sie wurden vergeben und man konnte sich selbst vergeben. Natürlich muss die Bereitschaft zum Vergeben vorhanden sein.
Wie viele ungute Stunden könnte sich mancher ersparen, würde er über die Hintergründe der jeweiligen Situation etwas erfahren. Geurteilt wird immer nur aus einer Sicht, die andere sieht man eben nicht.
Ach es wäre schon an der Zeit, dass man euch die andere Seite zeigt. Wir, die vorausgefahren, wollen euch nur die Kehrseite von vielem offenbaren, um in Liebe in eurem Gedenken zu stehen.

Ihr solltet immer beide Seiten sehen, um zu verstehen.
Es gibt weder gut noch schlecht. Werdet dieser Aussage gerecht. Dann schaut ihr mit gewisser Skepsis alles an und wisst, dass euch in einem Menschen beides begegnen kann.
Also urteilt nicht, wertet nicht, bringt in das Dunkel Licht und damit erfüllt sich, was wir konnten im verkörperten Zustand nicht.

2.10.2003

Du kannst es immer noch nicht fassen, dass wir es zulassen, dass die Menschen sich in einem breiteren Rahmen mit unserer Daseinsform befassen.

Wo ihr doch glaubtet, wir brauchen Ruh und das gehöre zum Ableben dazu: „Ewige Ruh".

Aber das Gegenteil ist der Fall! Und eure Gedanken sind schneller als der Schall und ihr seid heute soweit offen, dass wir auf eine gute Verständigung hoffen. Diese wird auch schon vielfach praktiziert und es keinen, wenn wir sprechen, irritiert, es einfach passiert.
In den meisten Fällen hört ihr uns in euch sprechen einfach und klar und ihr wisst, es ist jemand da. Und auf eure Gespräche folgt manchmal aufklärend ein Kommentar, so dass ihr das Gefühl habt ein Dritter ist da. – Auch bekannte Gerüche könnt ihr wahrnehmen oder einen Lichtschein, der sich tut durch den Raum bewegen.
All' das ist normal und verursacht keine Qual. - Aber alles eurer Entscheidung obliegt, ob die Kontaktaufnahme euch liegt oder ob ihr vor ihr flieht; denn Kanäle sind in jedem angelegt, durch die sich der Ton hindurchbewegt.
Eigentlich es nur um die Freischaltung geht, die die Begrenzung aufhebt; denn das ganze Universum in euch lebt und das sicherlich über eure Vorstellung hinausgeht. Aber es geht und von diesem Bewusstsein ausgeht!

3.10.2003

*Unermüdlich fließet fort, was (an Wissen, an Information) bereichern
soll hier diesen Ort (diese Ebene).
Auf ein Wort, wärest du noch dort (d.h. beim Schreiben), wenn du gewusst hättest, wie viel kommt von eurem zukünftigen Aufenthaltsort.
Es ist schon erstaunlich wie nahtlos sich die Ebenen in ihrer Information verbinden und wie schnell sie zueinander finden.
Wie ein Hauch und manchmal empfindest du es auch. Überlege wie lange du gebraucht hast, bis es in dein Weltbild hinein gepasst hat.*

Es ist wie ein Gefühl das Verbindungsspiel; denn oft Sphären sich gegen vermeintliche Eindringlinge wehren und uns den Kontakt zu euch erschweren.
Wir als Helfer und Beschützer fungieren und aus dieser Funktion heraus euch Gedanken und Hinweise eingeben und

Vertrauen in eure Herzen legen, aber auch raten umzukehren auf dem Pfad, der eure Entwicklung einzuschränken vermag. Diese Hilfen laufen unbewusst ab, aber glaubt mir, sie jeder hat.

Deswegen könnt ihr täglich Danke sagen für die erhaltenen Hilfen und Gaben.

Nun ein kleines Beispiel, das sich vor längerer Zeit hat zugetragen.
Ein junges Mädchen bekam immer wieder von ihrer Mutter und Tante erzählt, wie streng der Großvater zu seinen Lebzeiten war und dass Schlagen das einzige Erziehungsmittel war. So entstand in dem Mädchen ein sehr negatives Bild von ihm und sie war auch nicht gewillt, dieses zu verändern bzw. ihrem Großvater eine Chance zu geben.
Wenn sie an ihn dachte, sah sie ihn als Tyrann und das setzte sich über Jahre fort.
Und wieder einmal dachte sie voll Negativität an ihn als überdimensional sein Gesicht erschien und er zu ihr sagte mit ernster Mien':

„Urteile nicht, du kennst die
Zusammenhänge nicht; denn als ich lebte,
lebtest du noch nicht. Daher nie wieder so
über mich gedanklich sprich, da du im
Grunde weißt nichts über mich."
Und da hat er Recht, es war ungerecht; denn
über etwas zu urteilen,
was man nicht selbst gesehen und erlebt
hat, ist immer schlecht.

5.10.2003

*Wiederum tust du dich fragen, was soll ich in
Richtung Tod, Leben, Kommunikation zwischen
den Ebenen noch sagen bzw. übertragen.*

Die Kommunikation zwischen den Ebenen
immer etwas bringt.
Immer es etwas bringt, wenn es dir gelingt,
dass deine Konzentration den Kanal
aufnimmt, der sich enorm zu weiten

beginnt, also sofort Zugang gewinnt. Du kannst dann jede beliebige Energieform heranholen, d.h. mit ihr reden. Lasse dich von niemanden mehr verwirren oder beirren, die Übertragung steht und durch das gegenseitige Gespräch wird belebt. Das dich auch anregt, dass du dieses oder jenes beiseite legst.

In erster Linie ist es der Zweifel, den man hegt, wenn es um eine Aussage geht, die diesen oder jenen Zeitpunkt belegt, weil das Zeitkontinuum sich euch etwas anders darlegt. Aber die gemachte Aussage steht. Uns es immer wieder darum geht, euch zu sagen, Vertrauen müsst ihr haben; denn es immer eine Zeitspanne gibt, wo die Aussage in Raum und Zeit richtig liegt, d.h. das Vorausgesagte in Erscheinung tritt, wo es jeder kriegt mit bzw. erblickt.

Um es mal so zu sagen, es sich immer zum richtigen Zeitpunkt einstellt, auch wenn ihr es euch habt anders vorgestellt.

Aber mit der Zeit sich bei euch eine andere Deutungsweise/Sichtweise einstellt, die sich unserer nicht entgegenstellt.

So lernen wir auf einem gemeinsamen Weg
zu fahren und uns jegliche Verstrickungen
zu ersparen; denn die meisten beruhen auf
Missverständnisse im Bezug auf die Zeit.
Die lasst ihr am besten beiseit. Wenn euch
ein guter Ausgang einer x -beliebigen Sache
wird prophezeit, dann seid erfreut und seid
bereit, diesen anzunehmen und als erledigt
zu wähnen.

Damit schlagt ihr zwei Fliegen mit einer
Klappe und setzt euch nicht selbst
schachmatt auf die Matte; denn wie ihr
wisst, euer Denken mit ausschlaggebend ist.

9.10.2003

Zeit, Zeit. Lasst euch nicht bedrängen von
der vermeintlichen Zeit.

Macht euch einfach gedanklich weit und füllt euer Energiekleid mit der Farbe Blau. Wie? Indem ihr sie euch vorstellt. Lasst euch auch nicht auf ein gewisses Blau festlegen, die Farbe, die vor eurem geistigen Auge erscheint ist richtig. Solltet ihr kein Blau sehen, könnt ihr von der Voraussetzung ausgehen, die Farbe ist da, und sagt einfach blau.

Dieser Kurzübung vertraut, da dadurch Stress wird abgebaut. Und ihr spürt innerlich wie das Gefühl von gejagt sein abflaut.

Diese aufgeführte Kurzübung euch zu jeder Tageszeit bei Bedarf erlaubt. Und euch außerdem die zwei folgenden Suggestionssätze zur lieben Gewohnheit macht, so dass sie erscheinen, wenn es ist angebracht, ohne dass ihr über sie nachgedacht oder an sie gedacht.

„ Ich bin immer zur richtigen Zeit am richtigen Ort."

„Zeit ist mein Freund, sie arbeitet für mich."
Wichtig!

Manchmal verunsichern dich gemachte Aussagen, die du hörst oder liest und du meinst, alles spiegelt sich in deinen Schriften wider.
Natürlich wird von der geistigen Welt darauf eingegangen,
damit du kannst zu einer gut fundierten Erkenntnis gelangen.

Du bist zurzeit von dem Wort Trance gefangen, weil die unterschiedlichsten Aussagen zu dir gelangen.
Zum Beispiel heißt es, dass das Bewusstsein kurzfristig ausgeschaltet ist, das passiert bei dir nicht!
Nur wird von der geistigen Seite ausgeräumt die noch zögernde Schicht, soll ich oder soll ich nicht vertrauen. Aber nur auf das Vertrauen kannst du aufbauen.

10.10.2003

Wir wollen reden!

Was heißt das? Mit euch leben und euch Hilfestellung geben.

Im Grunde euch dazu bewegen von innen nach außen zu leben, damit ihr könnt euer Bestes geben; denn jeder von euch Verstorbene hat, mit denen er Schönes und Unschönes erlebt hat.
Das Unschöne könntet ihr beiseite legen, wenn ihr das Bedürfnis dazu habt; denn durch Reden und Vergeben könntet ihr Stauungen im Körper beheben. Euch ist manchmal gar nicht klar, dass der Auslösepunkt von Unwohlsein eine nicht gelöste Situation war.
Also tut mit ihnen reden als wären sie noch am Leben, so könnt ihr bestehende Missverständnisse regeln.

Ach, heute deucht es dir so schwer, Worte zu holen hierher. Obwohl der Fluss gleichmäßig ist, erscheint es dir als ob alles zähflüssig ist.
Bei dir zum Beispiel sich bei deiner Betrachtungsweise der Vergangenheit ein Komplex ergibt.
Du wirfst dir manchmal vor, du hättest deine Mutter nicht genügend geliebt. Obwohl es an deiner Handlungsweise nichts auszusetzen gibt, es nur an deiner eigenen Sichtweise liegt.
Ach Hanni *(die verstorbene Mutter spricht)*, als Mensch es doch gar nicht anders sein kann. - Jeder sein eigenes Ego lebt und ist bestrebt, dass dieses sich zu seiner Zufriedenheit bewegt. Da es schon manchmal
im Gefühlsbereich hoch hergeht. Von der Eifersucht angefangen und um den anderen Bangen kann man schon in Gefühlsschwierigkeiten gelangen.
Dir möchte ich sagen, du hast in all' deinen bisherigen Erdentagen meine Probleme mitgetragen. Dafür hab' Dank. Als ich alt wurde und krank, es dir gelang diese

Aufgabe anzunehmen, um meine letzten Jahre zu verschönen. Hab' Dank, dass du mich nicht weggabst wie einen alten Schrank; denn mein Wunsch war es, bis zu meinem Lebensende in deiner Nähe zu sein. Ich liebe dich, ich liebe dich. Mehr als du mir gabst, konntest du mir nicht geben, so ist nun mal das Leben. - Und nun erhebe dich und erhalte meinen Segen.

11.10.2003

Wenn Menschen zur Kontaktaufnahme bereit sind.

Du bist bereit den Weg zwischen dem Diesseits und Jenseits zu ebnen. Dafür wir dich segnen.
Ein Hinweis, der deine Arbeit unterstützt: Als erstes mache dich weit, damit nichts in deinem Kleide haften bleibt. -

Weit, weit, gedanklich weit und glaube mir, es geschieht, weil du deinem Unterbewusstsein den Auftrag gibst.
Also mache dich weit und achte darauf, was geschieht. Du richtig liegst, wenn es ein Gefühl von frei sein ergibt. Vielleicht solltest du im Vorfeld darauf achten, wie es sich angefühlt hat, bevor du die Weitung (mit deinem Bewusstsein in dein Energiefeld gebracht hast) durchgeführt hast.
Vielleicht möchtest du zunächst einmal das Gefühl von Freiheit genießen, wenn Energien ungehindert durch dein Energiefeld fließen.
Es ist ein tolles Gefühl, weit zu werden in Raum und Zeit.
Nichts denken, nur sich selbst die Momente von Freiheit schenken.

Das reicht für einen Tag und dieses Gefühl sich in den folgenden Tagen mehren mag, bis der Wunsch wie von selbst anlag, was der oder die mir zu sagen vermag.

(Da die Weitung den Fluss der Energien zu mehren vermag und frei gab, was brach lag.)

Schick voraus das folgende Gebet:
Ich bin in allem, was ist, drin. Demütig erkenne ich an, dass ich mich zurzeit nicht vollständig erkennen kann. Ich nehme an und bitte meine ICH BIN-
-WESENHEIT/mein ICH BIN mir einen Blick zu gewähren in die anderen Sphären und ein offenes Gespräch, damit ich helfend einbringen kann, was ich zur Zeit nicht sehen bzw. verstehen kann.
Da alles eins ist, ist auch alles in mir und aus diesem Wissen heraus handle ich hier, um mein Universum zu lichten und nicht unnötig zu verdichten. Ich bin bereit zu helfen mit meiner Zeit und möchte fortan alles segnen, was mir tut begegnen mit dem Wissen „Ich bin du und du bist ich". Wenn ich's erfassen kann auch im irdischen Kleid nicht, ist es die Wahrheit, auch wenn sie mir behagt nicht.
Nun blicke ich voll Demut in die Welt nebenan und rufe
den mich begleitenden Verstorbenen heran, damit er mir Ratschläge und Hinweise geben kann, die ich in meiner derzeitigen Begrenztheit nicht erfassen kann.

Wenn du intensiv diese Worte gesprochen,
gedacht hast, höre in dich hinein.
Es kann dein Kontaktweg sein, aber er muss
es nicht sein! Begrenze dich nicht, du findest
den Weg für dich.

12.10.2003

Vorbei, immer weniger hallt es herbei. -
Frei, frei ist das Einzige, was zählt, ganz
egal, wovon man war beseelt.

Aussage von meiner Mutter: Das Einzige,
was fehlt, ist die körperliche Nähe, die das
menschliche Sein ausmacht. Ja, sie fehlt.
Ach es gibt keinen Ausdruck für das, was
man empfindet, wenn sich der Körper von
der Seele entbindet. Geburtswehen könnte
man diesen Vorgang bezeichnen, wenn das
Leben tut aus dem Körper entweichen,

den man so sehr geliebt, dass man glaubte, dass es außer diesem keine Existenzform gibt.

Aber ihr mit dieser Ansicht auf der ganzen Bahn falsch liegt. Es sehr wohl etwas gibt, was man kann nur erfahren, wenn man aus dem Körper gefahren und es wird einem sehr schnell bewusst, dass Materie von mir, dem Bewusstsein, belebt werden muss.

Ach könnte man dieses Wissen bewusst im menschlichen Gedächtnis bewahren, wie viel freier würde der Mensch seine Erdenzeit erfahren; denn es nur gilt, auszudrücken das gewählte Bild.

14.10.2003

Vorbei, vorbei die Einschränkerei.

Vieles hast du schon von uns erfasst. Nur wie die Zeit sich ausdehnen lässt, ist verblasst bzw. hältst du nicht mehr in deinem Gedächtnis fest, einfach dich immer wieder von ihr einengen lässt.

Nun wir aus anderen Dimensionen kennen euer Problem, es zwar nicht verstehen, weil ihr tut den Wald vor lauter Bäumen nicht sehen, aber müssen eingestehen, zu unseren Lebzeiten konnten wir es auch nicht sehen. Also nun noch einmal genau aufgepasst, da ihr mit eurem Bewusstsein alles erfasst.
Das größte Hindernis ist bei euch die Konzentration, die ihr vernachlässigt lange schon. Am Beginn eures Lebens war sie voll da, aber mit der Zeit ging euch verloren, was für euch so wichtig war und ihr kamt

mit eurer Zeit nicht mehr spielend klar,
was natürlich für euch sehr schade war.
Um euch zu konzentrieren, solltet ihr diese
Fähigkeit trainieren, dann würde euch vieles
nicht passieren.
Ganz bei der Sache sein, lässt einen
abweichenden Gedanken nicht in euer Tun
hinein. Viele von euch nennen das
abschalten, um die Gedanken im Zaun zu
behalten. Konzentration prägt euch ein,
heißt ganz bei der Sache sein, dann löst sich
auch für euch das Problem Zeit und ihr
werdet ganz weit und im Handumdrehen
habt ihr, was ihr wolltet, geschafft, weil ihr
nicht über das Verrinnen der Zeit habt
nachgedacht.
Seid bereit alt und jung, euch durch
Konzentration selbst zu helfen auf den
Sprung.
In diesen Momenten *(voller Konzentration)*
lasst ihr ganz los, um euch zu bewähren in
der Einheit Schoss.
Lasst los! Konzentriert euch auf das, was ihr
wollt erreichen, und ihr werdet es erreichen,

in einem Minimum an Zeit, weil ihr seid
bereit, d.h. ganz bei der Sache.

17.10.2003

Nun Hanni, sich die Anrufe aus dem
Mentalbereich mehren, um bei
Lebzeiten, d.h. beim Lebenden alle
Missverständnisse zu klären.
Auch Anna, Heikes Großmutter, wollte ein
paar klärende Worte zu ihrem Enkelkind
sagen, um die bestehende Zwistigkeit zu
begraben.
Zunächst trat Heikes Großmutter im Traum
an dich heran und bat dich ihrem geliebten
Enkelkind zu sagen, sie wolle Frieden,
Frieden haben. Am nächsten Tag sie dir
mental erschien und bei dir den Eindruck
erweckte, dass es ihr sehr wichtig war.
Nun soweit so gut, zunächst fehlte dir in
diesem Fall der Mut und es war schwer für

dich ein paar klärende Worte zu sagen, weil du wusstest, was sich hatte zugetragen. Du wolltest einlenken, aber in dieser Situation wollte man dir kein Gehör schenken und um keinen Krach mit Heike zu bekommen, hast du dich zurückgenommen und dachtest, sie wird schon zur Einsicht kommen; denn so viele Jahre der Liebe können doch nicht vergessen sein. Aber das menschliche Ego kann unerbittlich sein und oft ist es dann zu spät bis der Groll wird beiseite gelegt. Aber wir euch sagen, es geht, aber leichter wenn die betreffende Person noch lebt, weil sie dann mit leichterem Gepäck in die nächste Dimension geht.

Kurz der Fall von Heike.

Bei diesem es um ein Scheidungskind geht, das zwischen zwei Fronten steht. Hart für das Kind, aber die Großmutter es in Schutz nimmt und damit die Spitze von vielem nimmt. Doch immer ist das Zusammensein von Vater und Kind von Hass gegen die Mutter von Heike bestimmt, was diese natürlich sehr übel nimmt. Und als nun auch noch die geliebte Großmutter gegen sie Partei ergreift und sie nach einem Wortgefecht rausschmeißt, sagt diese es reicht, es reicht und die ursprüngliche Liebe einer Versteinerung weicht. Zentnerlasten sich auf ihr Herz legen und sie ist nicht bereit zu vergeben, zumal die Großmutter beim Beginn des Streites war nicht zugegen. Selbst nach Jahren ist Heike nicht bereit, der Großmutter einen Versöhnungsschritt entgegenzugehen und muss daher mit dieser unterdrückten seelischen Belastung leben.

Was ist, höre ich dich fragen, wie soll ich es dem Enkelkind sagen, was soll ich sagen; denn so manches wird den Beteiligten nicht behagen, weil sie sich doch nur über erlittenes Unrecht bzw. über ihr verletztes Ego beklagen und nicht sehen, was sie selbst dazu haben beigetragen.

Was soll ich tun, wenn eine solche Bitte aus dem Mentalbereich zur Vermittlung an mich wird herangetragen?

Nun du weißt, viele nicht die Gabe entwickelt haben, diese Übermittlungen aus der anderen Ebene zu übertragen.

Daher ist es wichtig und richtig der betroffenen Person es zu sagen, damit die Seele kann ihren Frieden haben.

Wir dir zur Seite stehen und lassen, wenn du es weitergibst, ein neutrales Energiefeld entstehen, damit nichts Verletzendes entsteht, sondern die Wortwahl zu Herzen geht.

Wichtig der Versöhnungssamen wurde gelegt, so dass allmählich der Wunsch sich zu versöhnen entsteht und sobald du die Bitte hast übertragen, solltest du nichts mehr in dieser Richtung sagen; denn es nun nicht mehr deiner Entscheidung obliegt, ob beendet wird der sinnlose Krieg.

Es wäre schon sehr wichtig, sie könnten wieder zu einander sagen, ich hab' dich lieb oder wie schön, dass es dich gibt.

Es ist schon wichtig noch einmal an dieser Stelle zu erwähnen, wie wichtig es ist, sich zu versöhnen.

20.10.2003

Wir wollen mit euch reden, da wir leben!

Wo? Gleich neben dran, aber wer glaubt schon von euch daran.

Viele von euch würden schon gern mit uns kommunizieren und auch unsere Gegenwart verspüren, da wir euch oft tröstend berühren. Aber ihr meint, eure Einbildung würde euch irreführen und so lehnt ihr vieles ab, obwohl es stattgefunden hat.
Menschenkinder im irdischen Kleid macht euch gedanklich weit und seid bereit, diese

Grenze zu überqueren und hört auf, euch gegen das Natürlichste zu wehren:

„DAS EINSSEIN MIT ALLEM."

Tut uns den Gefallen, lasst eure Ängste vor dem Unsichtbaren fallen; denn die Welt beginnt sich immer schneller zu wandeln und somit müsst ihr handeln. Immer mit einem Gebet oder mit Vertrauen an die Arbeit geht. Glaubt mir, nicht umsonst sind oder sprechen wir hier und klopfen an eure Herzenstür.

Wir wollen, dass ihr euer Ende tut anders sehen, um uns zu verstehen. Da wir nach wie vor neben euch gehen, auch eure Zweifel sehen darauf einzugehen. Aber ihr könnt aus Furcht uns nicht verstehen. Das könnt ihr verändern, wenn ihr bereit seid dazu; denn auch wenn wir sind abgeschieden, euch weiterhin lieben, in einer anderen Daseinsform eben, aber wir leben.

Das Leben beginnt immer von vorn.-

Es ist ewiglich, auch wenn es so mancher glaubt nicht. Auf diese Aussage könnt ihr immer vertrauen und eure Zukunft, euer Dasein aufbauen.

Daher ist es auch so wichtig zu nutzen den Augenblick; denn keiner weiß, wie viele ihm das jetzige Leben schickt.
Vertrauen! Vertrauen! Vertrauen! Nur dadurch lernst du,
dich selbst zu durchschauen.

21.10.2003

Nun noch einmal zum Vertrauen, das ihr zu unserer neuen Daseinsform solltet aufbauen. Ihr könnt unseren Aussagen vertrauen! Wir sind die geblieben, die ihr zu Lebzeiten habt gekannt, also wenn ihr fragt, für unser Sosein Verständnis habt.

Nicht jeder (von uns) möchte mit euch zu tun haben. – Aber ein Versuch mit uns Kontakt aufzunehmen kann nicht schaden. Da ihr eine lange Ahnenkette habt, euch nicht mit jemand abplagt, der nicht mag.

Auch von euch Lebenden wird nicht jeder bereit sein, mit uns zu kommunizieren.

Warum? Zum Beispiel: Weil er an ein Leben nach dem Tod nicht glauben kann, und schon gar nicht, dass man sich mit uns unterhalten kann.
Das ist in Ordnung so und wir sind über diese Ehrlichkeit froh, aber euch anderen sollen unsere Schriften, Berichte Mut machen, diese Chance zu erfassen, um sich vertrauensvoll helfen zu lassen; denn wer bedarf dieser Hilfe nicht, wenn er zweifelt an sich und sich fragt, darf ich oder darf ich nicht, soll ich oder soll ich nicht. Durch diese Verbundenheit mit uns wird er gestärkt und steht nicht allein vor einem Berg. Und nach liebevoller Rücksprache wird aus dem vermeintlichen Berg ein Zwerg. Es gibt so viele Dinge für euch zu

entscheiden und in der Ausführung dieser werdet ihr immer die Macher bleiben.

Ihr braucht ja auch bei der Kontaktaufnahme nicht zu übertreiben; denn ihr werdet immer in der Verantwortung eures Lebens bleiben.

Sie sei euch zur Hilfe gereicht, und da könnt ihr sicher sein, dass diese Kontaktaufnahme nicht von eurer Lebensaufgabe abweicht.

Dankt für jeden Tag, der euch Hilfe gewähren mag.

23.10.2003

Der Tod spricht - Gesegnet sei der Tag, der Erkenntnisse für die Menschheit zu bringen vermag.

Guten Tag, die du wandelst im Licht, erkenne mich! Ich bin es, der Tod, der dich begleitet und auf den Anfang und das Ende vorbereitet,
nun dein Energiefeld aufbereite, damit das neue Wissen dir nicht entgleitet und dich auf neue Erkenntnisse vorbereitet.
Vieles gibt es zu bejahen, vieles Unverständliche wird dir noch nahen, so wie dir, die/der du das liest, dass du vom Tod wirst begrüßt, der dir bietet an, dein Freund zu sein, ohne dass er dich holt heim.
Einfach Freund sein, damit du mich lernst kennen und erkennen, dass Leben und Tod sind nicht von einander zu trennen.

So will ich in der Zukunft nur noch Freund mich benennen, damit du dich kannst von dem dir vielleicht Angst machenden Wort Tod trennen.
Es war schon immer mein Wunsch an diese Welt, dass sich der Mensch in seinem Denken mir gegenüber anders verhält; denn ich bin, wollen wir es mal so ausdrücken, ein kosmisches Gesetz, das immer den Anfangspunkt und den

Endpunkt setzt.
So wie jetzt, wo ich erklären kann, worauf es im Leben kommt wirklich an.
Frei zu werden im Geist, wo jede Seele um ihre wahre Identität weiß.

Dankbar zu sein für das, was das Leben schickt, um zu nutzen den Augenblick.

Vorwärts zu schauen und nicht nur zurück; denn alles, was sich in der Materie darstellt, den Wiederauflösungspunkt enthält.

D'rum erfreue dich deiner irdischen Tage, sehe sie als Geschenk und nicht als Plage.
So auch mich, der dich heim holt ins Licht.
Im ewigen Kreislauf der Gezeiten werde ich dich auf Verkörperung und Entkörperung vorbereiten.

28.10.2003

Nun bist du dabei, unsere Worte zu transferieren, das zu übertragende Wissen fließt frei und ich eile herbei, der Menschen befreit aus ihrer Not, ich bin der Tod.

Diese Aussage mag euch übertrieben erscheinen, aber es ist so und ich tue es so meinen; denn solange ihr die kosmischen Zusammenhänge nicht erfasst, euch selbst keine Wahl lasst. Ja, ihr deshalb keine andere Möglichkeit habt, als zu legen euer Körperkleid ab.

Warum? Um wieder frei zu werden im Geist und zu begreifen, was es heißt, zu sein „ Geist ". –

Meine Aussagen sind auf den jetzigen Entwicklungsstand zugeschnitten und ich möchte sehr bitten, sie auch so zu erblicken.

Es bringt nichts, viele Wenn und Aber in meine Aussagen zu investieren, da sie nur irritieren und ihr sie tut falsch platzieren bzw. interpretieren.

Also nehmt sie wertungsfrei an, weil man sie dann nach dem eigenen Entwicklungsstand annehmen oder es auch lassen kann; denn an der Wahrheit ändert sich nichts, sie ist wie sie ist.

> Alles ist eins <

Alles ist eins und demzufolge auch alles in dir ist, ob du es wahrhaben willst oder nicht. Aber da du dich getrennt fühlst, auch mit allen Wahrscheinlichkeiten spielst. Wahre Antworten bekommst du von innen und verlass dich darauf, sie stimmen.

29.10.2003

Eile herbei, eile herbei.

Geliebtes Menschenkind, das kosmische Wissen immer mehr zunimmt und dein Leben bestimmt. –
Und mit zunehmendem Wissen das Gefühl des Einsseins zunimmt und dadurch der Körper auch eine gewisse Leichtigkeit annimmt. Ein sicheres Zeichen, dass sich alles zu wandeln beginnt. Nicht sichtbar, aber im mentalen Bereich der Mensch eine andere Ebene erreicht, und vieles von ihm weicht.

Er sich nicht mehr vergleicht, „Gut und Böse" auf Polarität zusammenstreicht, und wenn er diesen Punkt erreicht, auch die Angst weicht.
Übt euch im einfachen Denken; denn das wird euch die größten Erfolge schenken.

Und nun zur Kommunikation. Woher bekomme ich Antworten und von wem?
Von geliebten Verstorbenen und Geistführern.
Keine Angst, du lernst sehr wohl zu unterscheiden; denn die
Merkmale der verstorbenen Persönlichkeit bleiben.

Wie bekomme ich Antworten?

Ganz einfach, du hörst in einem entspannten Zustand in dich hinein und kannst sicher sein, du nimmst etwas wahr, sei es vom Gefühl her oder du hörst oder siehst etwas.
Natürlich solltest du im Anfang ungestört sein und ganz bei der Sache.
Aber zwinge dich nicht, das bringt nichts.

Sei einfach locker und täglich bereit, zu investieren ein paar Minuten deiner Zeit.
Es ist nicht schwer, nur überliste deine eigene Gegenwehr.

Spontanität ist angesagt. Etwa so: Frage
gehabt, Antwort gesagt.

1.11.2003

Die Verstorbenenwelt,
die nur einen Atemzug entfernt, - sie zu
akzeptieren lernt!

Eine Welt, die gut und offen und auf
Verständigung mit euch tut hoffen. Sie, die
Verstorbenen, viel Kraft in eure Welt hier
investieren und vieles würden gerne
revidieren, wenn sie hätten Gelegenheit
dazu und ihr hören würdet zu.

Aber wäret ihr bereit, zu kommunizieren
mit jemandem ohne Körperkleid?
Oder meint ihr, ihr wäret meschugge, euch
würde nur die Erinnerung im Kopf

rumspucke und de Leut' würde dumm gucke, wenn ihr es probiert? Aber das soll euch nicht jucke! Wir sind interessiert und vieles Erstaunliche passiert, wenn ihr den Zugang habt und euch auch nicht mehr beklagt. *Ein Verstorbener, der es gut mit euch meint.*

Also nehmt euch Zeit dazu und höret eurem Inneren zu. Nein? Aber es könnte dann vieles anders sein. Wenn Probleme, Schuldgefühle euch plagen, könnten wir euch manches Aufklärende sagen. Aber ihr müsst fragen und den Mut dazu haben! Manchmal er durch Verlust entsteht, aber es auch in guten Zeiten geht.

Im Prinzip ganz einfach! Werdet still, stellt Fragen und nehmt die erste Antwort wahr, sie ist klar. Nicht an dieser herummanipulieren, sonst würde sie an Wahrheitsgehalt verlieren.

Es ist einfach mit uns ein Gespräch zu führen, ihr müsst es nur führen. Auch sollte es nicht an der Einfachheit

scheitern, nur eure Möglichkeiten (Sichtweite) erweitern, euern Weg klar zu sehen und das Unverständliche zu verstehen.
Mut meine Lieben, wir sind immer in eurer Nähe geblieben, um euch zu beschützen und euren Lebenskampf zu unterstützen.

Nun liegt es an euch, dieses Angebot wahrzunehmen, um euch das Leben zu erleichtern und damit zu verschönen. Und außerdem ist es eine enorme Möglichkeit, sich mit uns zu versöhnen, d.h. auch Unklares zu klären, was das Leben tut im Nachhinein oft erschweren.

2.11.2003

Gesetzmäßigkeiten gibt es im Diesseits und Jenseits, das ist klar und doch nimmst du sie unterschiedlich wahr. Da du steckst im

irdischen Geschehen, kannst du vieles nicht verstehen:
Zum Beispiel, dass die Ebenen ineinander übergehen, dass du die Verstorbenen kannst in aller Deutlichkeit mental sehen, wie sie lachen und ihre altgewohnten Späße machen.
Nur Mut, es ist gut, dass einer dieses alles einmal aussprechen/niederschreiben tut; denn das Bedürfnis dazu ist da, das ist groß und auch dass man uns lässt los und hält nicht unnötig gedanklich fest; denn jeder von euch Menschen in die andere Seinsform entlässt. Gebt ihnen die Freiheit und tut eure Aufmerksamkeit vermehrt auf den Augenblick lenken.

Lasst los, lasst los, sie sind unsichtbar bloß, begleiten euch weiter und haben für euch ein offenes Ohr, oft mehr wie zuvor.

Was ihr eigentlich braucht, ist viel mehr Humor. Dann ist vieles nicht mehr so wichtig und ihr erkennt, was geschieht ist richtig.

Also nochmals, wir sind bereit für ein Gespräch zu jederzeit, aber auch wir brauchen Zeit; denn unser Tätigkeitsfeld ist breit.
Wir haben keine Begrenzung mehr und eilen, wenn ihr uns ruft, vom entferntesten Stern *(sinnbildlich)* her.

Schenkt uns soviel Aufmerksamkeit wie im Leben, dann werden sich keine Blockaden ergeben und begreift, wir leben, leben, leben, sagt das jedem!

3.11.2003

Gedanken kannst du schlecht halten, aber ihre Sinnhaftigkeit behalten. Daher bemühe dich für dich; denn fremde Gedankeneinflüsse erst gereinigt werden müssen.

Befehle der Fremdenergie sich zu verziehen. Um deinen Kanal rein zu halten, musst du ihn im Auge behalten. Unterstelle ihn Gottes Wort, das du tragen möchtest fort und mögen andere noch so viele Worte herantragen, musst du trotzdem nur zu deiner Übertragung ja sagen, d.h. es wird im gefilterten Zustand alles dasselbe sein. Aber deine Worte werden im Ursprung anders sein und gehen dadurch ein.
Prüft Aussagen, das ist wichtig, da sie sind so vielschichtig und erkennt mit eurem ICH BIN den für euch richtigen Sinn; denn Vertrauen wurde euch/jedem gegeben, dem richtigen Wissen Einlass zu geben.

Versteht, was ich meine, jeder von euch hat zwei Augen, zwei Arme, zwei Beine und jeder beleuchtet das Seine.

Ich allerdings meine, jeder von euch hat den sechsten Sinn und wenn etwas unklar, dann schaut genau hin, bis ihr für euch findet den Sinn; denn in allem ist das Alleine, ich hoffe ihr wisst, was ich meine. -

Alles ergibt nur einen Sinn, wenn ihr empfindet die Wahrheit, die in allem ist drin.

Vom Herzen her solltet ihr denken und nur der Wahrheit Gehör schenken. Diese *(gemachten)* Aussagen solltet ihr überdenken. Und wenn einer ein Buch präsentiert, dann lest die Wahrheit, die in eurem Herzen widerklingt und euch weiter bringt.

9.11.2003

Nachlass

Über die folgenden Zeilen sollte jeder ernsthaft nachdenken, um sich selbst Freiheit zu schenken. Es ist wichtig sich von Ballast zu befreien und auch die Nachlassregelung nicht zu scheuen.

Selbst wenn es in der Hauptsache nur Kleidungsstücke sind, die man einzeln in die Hand nimmt, fällt es vielen schwer, sie herzugeben, weil sie für sie in gewisser Form leben und schmerzhafte Erinnerungen ergeben.
Manchmal so schwer wiegen, dass sie wie Zentnerlasten auf dem Aussortierenden liegen, teilweise auch Müdigkeit und Kraftentzug erzeugen und den jeweiligen Menschen beugen, d.h. physisch belasten.
Mir ging es beim Aussortieren so, wie es im vorangegangenen Abschnitt aufgeführt wurde, bis meine Mutter sagte:
„Ach Kind, was machst du es dir so schwer, das, was war, ist nicht mehr und daher musst du dich befreien von unnötigem Ballast, der nur nach deiner Lebensenergie fasst, weil du nicht loslässt, unnötig hältst fest und nicht begreifst, dass sich nichts festhalten lässt.

Du weißt zwar, dass wir leben, aber willst nichts, was wir besaßen, hergeben.
Ein paar ausgewählte Stücke, nichts dagegen, die liebevolle Erinnerungen

ergeben. Ansonsten solltest du vieles hergeben, um andere zu erfreuen und ich sage dir, du wirst es nicht bereuen; denn es findet ein Ausgleich statt, den jeder Mensch nötig hat." Und noch etwas sagte meine Mutter zu mir: „ Du darfst nie vergessen, ich habe nie etwas besessen. Nackt kam ich auf diese Welt und nackt ging ich von dieser Welt. Alles, was ich als Mensch habe besessen, konnte ich vergessen.

Es war Leihgabe des Lebens und diese Dinge festzuhalten ist vergebens. Merke dir, der Lebensfluss frei fließen muss.

Verstaubte Dinge dich verdrießen und verhindern das freie Fließen.

Aber es in deiner Entscheidung liegt, ob die Vergangenheit wie ein Klotz dir im Wege liegt."

10.11.2003

Allen Ballast musst du abgeben, um dich selber zu leben. Das Außen ist oft schwer, weil du siehst für einen geliebten Menschen keinen Ausweg mehr und Ratschläge, die du tust geben, keine Resonanz ergeben, weil jeder will sich selber leben und sich nicht auf eine andere Denkungsart begeben.
Fazit, du musst die Kümmernisse deiner Lieben in Gottes Hände legen, in dem Wissen, dass nur das geschieht, was ihnen Kraft zum Leben gibt. An diesem Glauben halte fest, Gott nie im Stich dich lässt.

Und nun zum Tod, der nur ein Bot und alles auflöst, was Masse war, bis der reine Kern ist da.
Habt keine Angst, er nur befreit von den Lasten dieser Zeit; denn noch seid ihr nicht dazu bereit, ohne ihn zu bestreiten eure Lebenszeit.

Nichtsdestotrotz sollt ihr euch gedanklich weiten, damit das Belastende kann aus euch herausgleiten und neue Energie in euch reingleiten. Dann öffnen sich die Ebenen und die Kommunikation mit Verstorbenen kann voranschreiten, die euch ja sowieso begleiten.

Nun kannst du ja erfragen, wieso sich so merkwürdige Dinge am gestrigen Abend in der Wohnung von Gisela B. haben zugetragen. Plötzlich hing die Uhr schief und blieb um 21 Uhr stehen, genau ein Vierteljahr nach dem Todesgeschehen. Auch ein feines Klingen/Läuten wurde vernommen, das nicht schien von dieser Welt zu kommen. Bei Lebzeiten hieß es, du sollst kommen.

Manfred, der Verstorbene, sagt:
„ Nun ich freue mich, dass du dich erklärst bereit, meiner Frau zu geben einen Fingerzeig; denn ich bin sehr oft bei ihr und wollte ihr gestern zeigen, ich bin hier. Ich sehe den Schmerz, unter dem sie leidet, doch ich bin glücklich hier und wollte gestern nur zum Ausdruck bringen, ich bin noch hier."

„Liebe Gisela, oft nehme ich dich in den Arm und du spürst, wie es auf einer Seite wird warm, bewusst hast du es noch nicht registriert, weil es dich noch zu sehr irritiert. Doch du kannst mir noch heute alles anvertrauen, wir werden dann gemeinsam nach einer Lösung schauen und ich werde sie in deine Gedanken einbauen. Du musst nur vertrauen, um diese Verbindung zu mir aufzubauen."

11.11.2003

Nach einem Gespräch über Verbindungen nach dem Tod zu Hinterbliebenen kam folgende Durchsage:
(Bei diesem Thema geht es natürlich heiß her, da die Meinungen weit auseinander liegen.)

Kritik üben jeder kann, doch entscheidet jeder für sich, was er glauben will und kann.

Daher kannst du nur den Lebenden deine erhaltenen Aussagen unterbreiten, mag wer es will sie bestreiten, aber wir trotzdem euch begleiten.

Eine Auseinandersetzung mit dem Tod, dem Sterben ist in jedem Fall angebracht und zwar im Vorfeld, bevor man der Welt ade sagt, damit man sich über diese Phase seines Lebens keine Sorgen macht und dem Tag entgegenlacht, keinen Widerstand setzt entgegen und sich erfreuen kann an seinem Leben.

Wichtig ist die Auseinandersetzung auch dann, wenn ein Mensch nicht sterben will oder kann, weil er an das Weiterleben nicht glauben kann.

Es wäre gut, wenn ihn in der Endphase ein Wissender begleitet und auf das Kommende vorbereitet, damit er kann sanft hinübergleiten ………… Und der ihm auch gedanklich sagt, dass nah ist der Moment/der Tag; er getrost dem Tod folgen mag, weil er das Erlösende für ihn barg.

Auch das Sterben erleichtert, wenn der ihn Begleitende sagt, wie lieb er ihn hat und ihm

für sein Sosein dankt und liebevoll hält
dabei seine Hand. Auch bittet ihm zu
vergeben, was er ihm unwissentlich antat im
Leben und auch vergeben.
Viele Worte sich in einem solchen mentalen
Gespräch ergeben und wie Balsam sich auf
die Seele des Gehenden legen und er wird
vertrauensvoll sich in meine Hände begeben
und im Nu ist es vorbei, der Körper noch da,
aber die Seele frei.
Die Verwandlung hat stattgefunden, er hat
zurück in die Einheit gefunden.

17.11.2003

Tu dich in dich selbst versenken, um meine
Gedanken ins Außen zu lenken, die anderen
Menschen Frieden schenken.

Ich gebe dabei zu bedenken, dass frei zu

werden im Geist heißt, sich darauf zu besinnen, was Geist sein heißt; denn diese Variante man wieder erlangt, wenn man von dieser Erde abdankt.

Das Wechselspiel von Leben und Tod ist zwar kein Gebot, aber tut Not.
Alle Menschen sollten diese Variante erkennen und sich ausnahmslos dazu bekennen, um sich von vielen irreführenden Gedanken zu trennen.

Es ist ein Angebot der Tod und befreit aus seelischer und körperlicher Not und bringt wieder alles ins Lot.
Er ist der beste Freund des Menschen und tut Fehlendes ergänzen, d.h. er zieht den Schleier des Vergessens weg und der Mensch erkennt, was er von eh und je besessen - Unsterblichkeit!

Er wechselt nur sein Kleid und ist zu neuen Erkenntnissen bereit.

Daher meine Lieben könnt ihr alle vorbehaltlos lieben die abgeschieden; denn im ewigen Spiel der Gezeiten wird man sich immer auf etwas Neues vorbereiten.

Lernt das beizeiten.

20.11.2003

Vorbei, vorbei. Nie ist etwas ganz vorbei und der Mensch von Zweifeln frei, die er über sein Tun hier hegt und mit dementsprechenden Aussagen belegt.

Ach Kind lass alle Zweifel fallen und dich in meine Arme fallen, in dem Vertrauen, dass sich dann im Außen nur das bewegt, was dir wurde in die Wiege gelegt.
Gebe dich einfach hin, mich auszudrücken ist der Sinn. Lerne zu vertrauen, um nicht zweifelnd alles anzuschauen. Auch deine Gabe, die dich die verstehen lässt, die eurer Meinung nach im Grabe, aber auch heute

noch sind in der Lage, euch zu beantworten
eine Frage.

Die kaum gestellt, man schon die Antwort
erhält, sie ist deutlich und klar, aber nicht
immer angenehm war.
Geh dazu über sie zu akzeptieren. Auch
wenn sie dich im ersten Moment tut
irritieren, solltest du darauf eingehen, um
sie zu verstehen. Entwickle dafür ein
Gespür; denn es hilft dir.

Bei diesem Frage- und Antwortspiel zählt
der erste Impuls sehr viel. Und es ist unser
Ziel mit wenigen Worten zu öffnen die
vermeintlich geschlossenen Pforten.
Also merkt euch, der erste Impuls (die erste
Antwort, die in eurem Kopf ist/aufgetaucht
ist) immer der richtige ist.
Ihr solltet euch angewöhnen, diesen
ungeschminkt anzunehmen, ohne ihn zu
verschönen, weil er die Aussage der
geistigen Welt darstellt und jede
Veränderung einen Kritikpunkt enthält, der
sich der Wahrheit entgegenstellt.
Wenn nun aber jemand von euch keine

Antwort erhält, er die Pforten (zur anderen
Ebene) noch geschlossen hält, dann sollte er
akzeptieren, aber immer wieder probieren,
bis er innerlich gereift und die Sperre/
Begrenzung weicht, die durch Angst und
Nichtwissen entstanden und nur durch
Vertrauen schwinden kann.
Aber er selbst muss bereit dazu sein, die
Schwingung zu bejahen, die von einer
anderen Ebene tut nahen. Das ist
unerlässlich; denn er wurde mit einem
freien Willen geboren und es ist seine
Entscheidung, ob er öffnet für die
Verstorbenen seine Ohren.

21.11.2003

Nach einem Einblick in das Thema
„Hellsehen, Verbrechensbekämpfung" war
dir von Anfang an klar, dass für dich diese
Art von Verbindung zur Verstorbenenwelt

nicht erstrebenswert war.
Ich sagte dir von Anfang an, dass jeder Kanal einmalig ist und war und jeder für sich stellt sich in seiner Besonderheit dar.
Nun da du voll hast deine Übermittlungsweise akzeptiert, das im Außen anders erscheinende nicht mehr irritiert.
Wir das Lichtvolle in deiner Übermittlung sehen und symbolisch bei dir Schlange stehen; denn wir wollen reden mit jedem!
Liebe geben und vergeben, was wir versäumten im Leben. Und darin besteht deine Hilfe hier, wir danken dir.
Es ist dein Weg, jeder geht seinen Weg und so ist es festgelegt.
Daher solltet ihr nie erstreben, euch auf etwas festzulegen, was euch nicht gut tut oder Angst macht, weil ihr es dann aus Zwang macht.
Werdet euch immer mehr bewusst, dass auf das innere Wohlgefühl geachtet werden muss, nur dann seid ihr wahrhaft im Fluss.

Gott öffnet sich mir und sagt, ich reiche die Hand zum Alleingang dir; denn ich bin in dir.

Komme zu mir (dem göttlichen Kern). Damit wir zusammenfließen und uns in das Außen ergießen.
Lasse die (gelegten) Samen sprießen, damit das neue Bewusstsein kommt zum Fließen und du die wahre Seinsform erkennst und dich in keiner Weise mehr trennst.
Halte dieses Bewusstsein wach, dann wirst du in keinem Fall mehr schwach! Und somit haben wir endlich zusammengefunden und bleiben energetisch für immer verbunden.

Den vermehrten Energiefluss hast du sofort empfunden.

22.11.2003

Lina teilte mir telefonisch mit, dass ihr geliebter Mann unerwartet verstorben sei, ihr Schmerz breitete sich wie eine dunkle Wolke über mir aus.

Kurz darauf hörte ich ihren Mann sagen:
Ach Frau Klay, Frau Klay, ich bin frei von meinem Konterfei. Ich bin frei. Und doch ist nichts vorbei; denn ich bin überall dabei, kann laufen, springen, nur mich nicht mehr als der, der ich war, einbringen.

Ach Lina, wie schwer lastet der Schmerz auf dir, den ich kann kaum durchdringen und doch bin ich bei dir und bleibe bei dir (wenigstens ein Teil von mir).
Alles andere ist unwichtig, ich lebe, mich ins Licht begebe, nicht an deinem Energiekleid klebe, d.h. ich bin frei, und wenn dein Herz ruft, eile ich herbei.
Es ist alles anders geworden und doch tut deine Liebe für mich weiterhin sorgen. Sie hilft mir, mich zurechtzufinden; denn ich weiß, du wirst mich nicht unnötig an das Gewesene binden. Unsere Liebe ist wie ein reiner Strahl, immer offen für des anderen Qual.

Oh ich liebe dich, beschütze dich und sehe dich wieder im Licht. Alles, was wichtig war, habe ich dir bei Lebzeiten gesagt und wie sehr ich dich mag.

*Oh Lina, es kommt der Tag, wo ich dir alles
direkt zu sagen vermag.*

*Sei tapfer, aber du überwindest das Arg, das
mein plötzlicher Weggang für dich barg. Du
schließt auf das innere Wissen und wirst
dadurch mich niemals missen müssen.*

Manfred

24.11.2003

*Wunderbar du bist wieder bereit, zu öffnen den
Kanal.
Ihn zu öffnen bedeutet für dich absolut keine
Qual. – Doch manchmal wehrst du dich
dagegen, unsere Worte schriftlich niederzulegen
oder verbal weiterzugeben.*

Du weißt doch wir leben und wollen reden,
sind immer zugegen und unsere Arme

liebevoll um eure Schultern legen.
Du kannst mit diesen bzw. deinen Worten viel bewegen, indem du zugibst, du kannst mit uns reden und dadurch so manchen Hoffnungsfunken in Herzen reinlegen und sie dazu bewegen, auch einmal mit uns zu reden.

Wir leben, wir leben, tue diese Botschaft so oft du nur kannst weitergeben.

Sie gereicht allen zum Segen und ihr könnt außerdem auch entscheidendes dadurch bewegen, die Angst vor mir *(dem Tod)* abzulegen, um euch einst ohne Widerstand mir zu übergeben; denn ich leite ein, ein neues Leben und aller Angst davor leiht bitte nicht euer Ohr; denn sie löst aus nur Widerstand, wenn man euch vom Körper entband.
Tut mich bei Lebzeiten nicht im hintersten Eck verstecken, sondern meine wahre Bedeutung entdecken.
Ich bin ein Freund, der es gut mit euch meint. Und als solcher möchte ich angesehen werden;

denn ich begleite euch nicht nur beim Sterben.

Ich bin vom ersten bis zum letzten Augenblick dabei, von allen anderen Deutungen macht euch frei.

Macht euch das einmal klar, ich bin euch immer nah. Mag euch dieses Wissen Kraft geben, um zu nutzen jeden Augenblick eures Lebens.

2.12.2003

Ja Hanni Kind, ich schau mal wieder rein ganz geschwind. Ich bin jetzt schneller als der Wind, weil das Leben nach dem Tode ganz andere Formen annimmt.

Vergleichbar mit der Mentalarbeit: kaum gedacht und schon erreicht, wenn die

Erdenschwere weicht. Unvorstellbar, wenn
man sich befindet im irdischen Kleid.
Alle Begrenzungen sind vorbei, da der Geist
ist frei.

5.12.2003

*Im folgenden Text wurde mir erläutert, dass
Durchgaben auch Störungen unterliegen können
und dass sie dann von der geistigen
Seite aus beseitigt werden.*

Ich eile herbei und mache den Kanal frei,
damit nichts die Übertragung stören kann
und du hast reinen Zugang; denn alles
unterliegt atmosphärischen Einflüssen und
manchmal wir unsere Zugänge
schützen/säubern müssen.
Ja es eilt die Zeit, daher werde weit und sei
bereit.

Wir gezielt über viele Kanäle übertragen,
was wir den Menschen zu sagen haben.

Jeder sollte einen offenen Zugang zur
geistigen/verstorbenen Ebene haben, damit
wir beizeiten euch können auf diesen Weg
vorbereiten und euch leiten.

Den zu beschreiten ihr habt die Wahl, das ist
tatsächlich die einzige Qual:
„Die Qual der Wahl".

Aber je mehr ihr in dem Vertrauen lebt, dass
Gott in euch lebt und seine schützende
Hand über euch legt, je mehr ihr in eurem
Leben bewegt; denn ihr gebt euch hin dem
freien Fluss und es verschwindet das
begrenzende Muss. Und Kommunikation
mit der anderen Ebene ist freier Fluss.
Ich möchte dieses Muss wohlverstanden
wissen und ihr braucht es auch in eurem
Wortschatz nicht missen müssen. Nur fällt
ihm eine andere Bedeutung zu. Wenn ihr
verrichtet eure Arbeit in Ruh, dann fließt
das Leben zu, da aller Druck entfällt, wenn
ihr euch dem Leben nicht entgegenstellt.

19.12.2003

Vorbei, vorbei klingt es von fern herbei. Ich bin frei! Ich bin jetzt die Essenz, die sich mit einem Körper hatte begrenzt oder besser gesagt ergänzt.

Nun aber bin ich frei, so frei, dass niemand vorweg es glauben kann, der sich in einen Körper einband.
Um das zu verstehen, muss ein Mensch in die andere Ebene gehen.

Vieles kann ich von meinem jetzigen Standpunkt aus nicht verstehen, wenn ich betrachte mein irdisches Geschehen.
Wie viel Sorgen habe ich mir unnötig gemacht, anstatt oftmals darüber gelacht.
Stattdessen habe ich die geistige Tür zugemacht und nicht mehr gehört, was mein geistiger Führer sagt.

Warum? Weil mir oft der Glaube und das Vertrauen hat gefehlt, das einen Menschen beseelt, der in der Gewissheit lebt, dass Gott neben ihm geht. Hilfe dem Menschen immer zur Verfügung steht, wenn er zum richtigen Zeitpunkt erkennt, dass ihn nichts von dieser trennt.
Wer so lebt, leichter kommt und geht, weil er Gott zum Ausdruck
bringt und das Mitgebrachte lebt.

Aber ihr seht, ihr lebt. Oft es bei euch drunter und drüber geht, trotzdem nichts verloren geht, weil meine Liebe neben euch steht, euch immer aufhebt, damit es weitergeht.

Ihr bemerkt nicht einmal meine Gegenwart, meine Anwesenheit, obwohl ihr mir durch euer Sein Ausdruck verleiht, bleibt ihr Menschen mit Fehlern und Schwächen. Ich werde den Stab nicht über euch brechen. Daher tut gut über die anderen sprechen und nicht sie belächeln, weil sie Defizite haben, weil ihre Fähigkeiten nicht so offen dalagen.
Bedenkt, dass jeder (alles) der gleichen Quelle entstammt, nur was er ist, hat er oft nicht erkannt.

2.01.2004

Kein Problem auf deine Fragen einzugehen,
wir alles verstehen und
darauf eingehen.

Bei Fragen, die dir zur Beantwortung aus
der geistigen Welt werden gestellt, immer
der erste Impuls seine Priorität behält, d.h.
die Antwort ist sofort da, auch wenn sie dir
ist im ersten Moment unklar.
Nehme sie an!

Das mag manchem, der das liest, überzogen
erscheinen, aber wir es so meinen; denn das
Ego bei dieser Spontanität keine Gelegenheit
hat zu verändern, was sonst einen anderen
Beigeschmack hat.
Also gewöhnt euch an, die Antwort sofort
anzunehmen, ohne sie zu verschönen.

Wie gesagt, kaum Frage gedacht, wird die
Antwort gesagt. So flugs geht es zu, nur
Vertrauen haben musst du!

Und in diesem musst du dich üben, es
kommt in größeren und kleineren Schüben.

Das Wichtigste ist du erkennst an, dass man
auch nach dem Tod mit uns reden kann;
denn wir wollen reden, da wir leben.

Viel wurde euch auf den vergangenen Seiten mitgeteilt.
Immer unter der Voraussetzung, ihr seid dazu bereit; denn den freien Willen des Menschen gilt es zu bewahren, darüber seid euch in jeder Sekunde im Klaren.

Anhang

Grundregeln

Zur Meditation ein paar Grundregeln, die man beachten sollte; denn bei gewissenhafter und regelmäßiger Durchführung bringen sie den gewünschten Erfolg.

Also in Geduld sich üben und mit dem, was man erreicht, begnügen.

Man sollte sich für die Meditation Zeit nehmen, ungestört sein und sich, wo man sich befindet, wohl fühlen.

Telefon und Klingel außer Acht lassen oder abstellen.

Den Raum etwas abdunkeln, da zu grelles Licht stört.

Eine leise, aber beruhigende Musik laufen lassen, keinen Ohrwurm.

Die Augen während der Meditation schließen.

Einen Stuhl wählen, auf dem man locker und bequem während der Meditation sitzen kann. Vom Liegen während der Meditation rate ich ab, weil dem Körper im Liegen eine sehr große Disziplin abverlangt wird und man ungewollt einschlafen kann.

Bei allen Übungen im Sitzen den Rücken so gerade wie möglich halten, nicht verkrampfen, auch die Schultern weder verspannt nach oben oder nach hinten ziehen, einfach locker hängen lassen.

Die Hände liegen locker auf den Oberschenkeln, möglichst die Handinnenflächen nach oben gerichtet – wie um alles Gute zu empfangen.

Die Füße nicht überkreuzen.

Ruhig und gleichmäßig atmen, bis man spürt wie der Körper sich langsam entspannt.

Gedanken kommen und gehen lassen, nicht festhalten und ausschmücken.

Ratsam wäre noch, ein geistiges Energiefeld um sich herum aufzubauen:
In der Vorstellung ziehen wir einen Schutzkreis um uns herum in heller Farbe. Diese Gedankenenergie bewirkt, dass alle negativen Einflüsse abprallen. Zugleich entsteht ein verstärktes Gefühl von Sicherheit und Geborgenheit, so dass sich der Meditierende leichter entspannen kann.

Auch die Meditationszeit begrenzen. Zum Beispiel mittels eines Kurzzeitweckers, maximal 30 Minuten, ideal 10-15 Minuten.

Meditationstext eventuell umformulieren, so dass er für die meditierende Person stimmig wird und nach Belieben auf ein Band aufsprechen.

Bilder, die während der Meditation erscheinen, ohne Wertung annehmen, da sie oftmals, wenn man denkt, das kann doch nicht sein, verschwinden.

Auch sich nicht entmutigen lassen, wenn man zunächst nichts wahrnimmt.

Aber in jedem Fall bringt es der
meditierenden Person:

Entspannung, Loslassen von Problemen
und Selbstheilung.

Wie alles erfordert auch Meditieren eine
gewisse Übung. Natürlich wird es immer
Personen geben, die es auf Anhieb können,
aber das sind Ausnahmen.

Eine Hilfe für den Verstorbenen

Zwei Damen aus meiner Meditationsgruppe, Karola S. und Inge N., berichteten häufig, dass sie, wenn sie an eincr Beerdigung teilnehmen, immer den Verstorbenen sehen, meistens in einem Alter, wo dieser noch in der Blüte seines Lebens stand, wie er teilweise etwas ratlos ist, aber in den meisten Fällen versucht den Hinterbliebenen zu trösten. -
Um dem Verstorbenen zu helfen, sprechen sie ihn namentlich an und sagen zu ihm, folge dem weißen Licht, dazu visualisieren sie eine Säule aus weißem Licht. Manchmal dauert es eine Weile bis dieser der Aufforderung folgt. Aber sie haben Geduld und wiederholen es einige Male.
Und häufig haben sie dann das Gefühl von Dankbarkeit für den Hinweis.
Es war mir ein Bedürfnis dieses aufzuzeigen, um unseren geliebten Verstorbenen zu helfen sich zurechtzufinden,
sei es durch ein Gebet oder wie gesagt durch das weiße Licht.

Eine Bitte eines Verstorbenen

Der verstorbene Ehemann einer sehr guten Bekannten nahm Kontakt zu mir auf. Er sagte: Oh Frau Klay ich eile herbei, da der Kanal z.Z. ist frei. Meine Lina ist auf dem Bewusstwerdungsweg, was mich sehr bewegt. Ich danke ihr für ihr Gebet, sie damit meine Energie anhebt. Sie hilft mir damit voranzukommen. Und es ist oft das einzige, was uns Verstorbenen fehlt, ein von Herzen kommendes Gebet, das für uns gesprochen und sich wie Balsam um alles legt. Die Wortfolge ist egal, die Hauptsache die Worte sind mit dem Herzen empfunden, dann kann alles gesunden.   Betet, betet.

Wie Lisa auf diesen Weg kam

Um dir Mut zu machen zu meditieren, möchte ich dir den Fall von Lisa B. schildern, die nach konsequenter Meditationsarbeit einen dauerhaften Kontakt zu ihrem verstorbenen Sohn Hans bekam.

Vor dem Tod ihres Sohnes glaubte sie nicht daran, dass man zu Verstorbenen Kontakt aufnehmen kann.
Aber der plötzliche und unerwartete Tod ihres Sohnes sollte sie eines besseren belehren.
Es war so furchtbar dieser Verlust, dieses Nichtbegreifen und die Frage, warum er.
Alles, was erfüllt war von Leben, war von einem zum anderen Moment leer, so schwer.

Ihr Mann teilte mir den Tod des Sohnes telefonisch mit und schon während dieses Telefongespräches meldete sich sein Sohn bei mir, um den Eltern eine Botschaft zu übermitteln.

Ich möchte diese Durchsage nicht wörtlich wiedergeben, nur sinngemäß.
Mir geht es gut, meine Zeit war da, ich bin euch nah, ich werde euch wieder sehen, wenn die Zeit ist da. Seid nicht traurig, ihr müsst noch eure Aufgabe erledigen. Ich liebe euch und danke euch dafür, dass ihr meine Eltern wart.
Die Durchsage ich zwar notierte, aber zunächst liegen ließ, weil ich nicht den Mut hatte, sie Lisa zu übergeben, da ich ihre Einstellung kannte.
Aber als ich die tiefe Verzweiflung der Eltern erlebte, gab ich mir einen Ruck und übermittelte sie ihnen und war überrascht, dass sie sie annehmen konnten.
Aber es sollte auch ein Auslösepunkt für Lisa sein, dieses auch zu können.

Und wie sagt man so schön:
„Wer sucht, der findet."

So nahm sie dann Kontakt zu einem englischen Medium auf, das sie in einer Talkshow im Fernsehen bei Vera gesehen hatte und hatte Erfolg.

Sie scheute keine Mühe und unterzog sich einer konsequenten Ausbildung zur Kontaktaufnahme bei diesem englischen Medium, immer mit dem Wunsch im Herzen, Kontakt zu ihrem Sohn zu haben.

Sie hatte Erfolg. Es dauerte allerdings einige Zeit. Heute kann sie zu jeder Zeit Kontakt mit ihrem Sohn aufnehmen, der ihr Mut macht, in schwierigen Lebenssituationen rät und sie häufig vor Gefahren warnt.

Du siehst, alles ist möglich, wenn man vertraut.

Nachstehend Meditationen, die sich zur Kontaktaufnahme eignen.

Die sieben Schrittsteine

Nimm eine möglichst bequeme Sitzhaltung ein. Wenn es geht, mit aufrechter Wirbelsäule, die Füße flach auf den Boden, beide Beine leicht gegrätscht, die Hände locker leicht auf den Oberschenkeln.
Nun entspanne dich so gut wie möglich und schließe die Augen.
Geräusche der Umwelt nimmst du zwar wahr, aber sie stören dich nicht.
Frieden und Stille umgibt dich, Frieden und Stille umgibt dich.
Und nun stelle dir gedanklich vor, dass du dich von deinem Stuhl erhebst und auf einen Wald zugehst. Dort angekommen betrittst du einen Waldweg, auf dem du entlang wanderst, wanderst und wanderst.
Frieden, Stille und Harmonie ist vorhanden.
Du hörst die Vögel zwitschern und du wanderst weiter und weiter.
Der Wind bläst ganz sanft durch deine Haare, berührt zart dein Gesicht und du wanderst weiter und weiter, die Sonne scheint hell und warm durch die Bäume hindurch.

Vor deinen Augen steht nun ein großer, schöner Kiefernbaum und du stellst dich ganz nah an ihn heran und berührst die Kiefernnadeln mit deinen Händen und du spürst die Kraft, die von diesen Kiefernnadeln auf dich überströmt und du atmest den Duft der Kiefer, der an deinen Händen haftet,
ein – und gehst weiter und weiter.

Frieden, Stille und Harmonie umgibt dich.

Am Wegrand steht jetzt eine wunderschöne Blume und du beugst dich zu ihr herab, betrachtest ihre Form und die Farbe der Blütenblätter und atmest ihren Duft ein. Erhebe dich wieder und wandere weiter und weiter und versuche dich an alles zu erinnern, was dir die Blume vermittelt hat.
Du wanderst weiter und weiter und kommst an ein offenes Feld, das du betrittst. Die Sonne scheint hell und warm vom Himmel herab und erwärmt deinen ganzen Körper von Kopf bis Fuß.
Nun erschaffst du dir in Gedanken 7 Schrittsteine, die groß genug sind, um auf

ihnen stehen zu können. Du kannst diesen Steinen jede beliebige Farbe und Form geben, auch kannst du die Richtung dieser Steine bestimmen.

In Gedanken stellst du dich jetzt auf den ersten Stein und streckst gedanklich den rechten Arm aus und bittest um Führung durch die Meditation.

Nun betrittst du den zweiten Stein, den dritten Stein, den vierten Stein, den fünften Stein, den sechsten Stein und den siebenten Stein.

Und nun lasse deinen Gedanken freien Flug und halte sie nicht zurück. Du begibst dich dahin, wo immer du sein möchtest.

Deine Gedanken sind frei. Willst du persönliche Probleme lösen – so tue es. Willst du Probleme an deiner Arbeitsstelle lösen – so tue es. Willst du in die Berge reisen, an das Meer oder einfach nur ausruhen – so tue es.

Ich kehre wieder zurück, um dich aus der Meditation herauszuholen.

Gott segne dich und ich liebe dich.

5 – 10 Minuten Stille.

Wo immer du dich auch befindest, du kehrst zurück zum siebenten Stein.
Wo immer du auch bist, du kehrst zurück zum siebenten Stein.

Du gehst nun ganz langsam die Steine zurück, du betrittst den sechsten Stein, den fünften Stein, den vierten Stein, den dritten Stein, den zweiten Stein und den ersten Stein. Du bedankst dich nun im Geiste für all die Bilder und Gedanken, die du während der Meditation gesehen und erhalten hast.
Nun verlässt du den ersten Stein und begibst dich wieder auf den Waldweg. Und du wanderst ihn zurück, und wanderst und wanderst. Die Vögel zwitschern immer noch und der Wind weht ganz sacht über dein Gesicht und durch deine Haare.
Frieden, Stille und Harmonie umgibt dich.
Du begegnest wieder der schönen Blume am Wegrand und erinnerst dich an alle Einzelheiten dieser wunderschönen Blume. Und du wanderst weiter und weiter zurück und immer weiter. Vor deinen Augen steht

nun wieder der schöne Kiefernbaum, den du berührt hast, und du erinnerst dich an die Erfahrung, die dir der Kiefernbaum gegeben hat. Aber du bleibst nicht stehen, du wanderst weiter und weiter zurück. Die Sonne scheint noch immer hell und klar durch die Bäume hindurch.

Frieden und Glücklichsein umgibt dich. Nun siehst du dich den Wald verlassen und auch den Waldweg. Du fühlst dich jetzt glücklich, harmonisch und zufrieden.

Gedanklich siehst du dich jetzt wieder auf deinem Stuhl sitzen und öffnest wieder deine Augen,
bewege deine Hände, deine Füße. Lasse alles einige Momente in dir nachwirken und gehe dann wieder deiner gewohnten Tätigkeit nach.

Chakrameditation

Zunächst setze dich so bequem wie nur möglich an einen Ort, wo dich niemand stört, hin.
Stelle deine Füße nebeneinander, leicht gegrätscht auf den Boden,
Beine nicht überkreuzen.
Deine Hände liegen mit den Handflächen nach oben zeigend locker auf deinen Oberschenkeln.
Wichtig, du verkrampfst dich nicht. Und nun schließe die Augen, atme einige Male tief ein und aus und du wirst sehen, du wirst mit jedem Atemzug ruhiger.
In deiner Vorstellung kannst du alles Belastende ausatmen und Harmonie einatmen. Etwa 3,6 oder 10 Atemzüge lang.

Werde dir nun deiner Chakren bewusst, jedes einzelne in seiner Farbe erblühen/aufleuchten muss.
Enge dich dabei nicht ein, es muss gefühlt oder gesehen sein. Solltest du gar nichts sehen oder fühlen, lass dich nicht verwirren, denke dann die entsprechende Farbe und du

kannst sicher sein, sie ist da.
Lass geschehen, du wirst in jedem Fall das für dich Richtige sehen.
Entferne alles, was dich stört, mit deiner ätherischen Hand. Dabei das Entfernte einem Umwandlungsprozess unterliegt und wieder neue Energie ergibt. Schalte aus deinen Verstand.

Fange nun mit dem Wurzelchakra an, schau es dir genau an, wie es sich dir darstellt. Rot sollte es sein, die Hauptsache es dir gefällt. Alles entferne, was dich stört bzw. deiner Meinung nach nicht in das Chakra gehört. 30 Sekunden reinigen.

Fühle nun die Kraft, die es ausströmt und wie es dich mit Energie verwöhnt.
Nun wende dich deinem Sakralchakra zu, schaue es genau an und entferne, was dich stört und deiner Meinung nach nicht in dieses gehört. Ein klares Orange sollte es ergeben. 30 Sekunden reinigen.

Fühle wie Harmonie dich durchzieht und dir ein Gefühl von Ausgeglichenheit gibt.

Nun sich das Solarplexuschakra in Gelb
darstellt. Schaue es genau
an und entferne, was dir nicht gefällt.
30 Sekunden reinigen.

Fühle wie die Energie sich dann im
gereinigten Zustand ausbreitet und dein
Zellsystem weitet. Genieße die Kraft, die
Power schafft.
Nun ist dein Herzchakra dran, das sich in
Grün/Rosa zeigen kann. Wichtig ist, dass
du entfernst, was dir nicht gefällt, bis es sich
in seiner reinen Farbe darstellt. 30 Sekunden
reinigen.

Fühle wie sich dann die Liebe in dir
ausbreitet und durch alle Zellen gleitet und
dir ein besonderes Wohlgefühl bereitet.

Nun schau dir dein Halschakra an. Es
erscheint in einem Blau und wieder ziehst
du heraus, was deinem Ideal entgegensteht,
es wird neu belebt. 30 Sekunden reinigen.

Der Kloß, der Druck, der sich oftmals in
diesem Gebiet befindet, ist entschwunden,

du hast deine Aussagekraft wieder gefunden, daher du klar aussprichst, was im Leben störte dich. Genieße das Gefühl von Freiheit.

Und nun das Stirnchakra vor deinem geistigen Auge erscheint, das die Farben aller Chakren in sich vereint: - Indigo. Und wieder entferne, was nicht dazugehört bzw. dich stört. 30 Sekunden reinigen.

Die Reinigung macht dir dein inneres Wissen bewusst, zu dem du nur ja sagen musst.

Das Scheitelchakra sich nun in einem wunderbaren Violett zeigt und auch da entferne, was deiner Meinung nach nicht reingehört.
30 Sekunden reinigen.

Danach alle Farben zusammenfließen und in einem reinen weißen Licht in die Höhe schießen. Gleich der Silberschnur, die dich mit allem verbindet und wo du alles, was du brauchst, findest.

Um geliebte Verstorbene, dein höheres Selbst oder einen deiner Geistführer anzutreffen, gleite mit deinem Bewusstsein gedanklich an dem weißen Licht hinauf, so hoch hinauf bis du jemanden antriffst.

Solltest du beim ersten Mal niemanden antreffen, ruh' dich aus und mach dir nichts draus; denn du wirst Erfolg haben. Du musst eben diese evtl. für dich neue Form der Kommunikation üben.
Aber auf jeden Fall hast du mit dieser Meditation dein Energiesystem gestärkt. Du bekommst, wenn deine Verbindung erst einmal steht, deine Fragen beantwortet.

Höre genau zu; denn eine Lösung bekommst du.

Nach einiger Zeit verabschiede und bedanke dich und gleite mit deinem Bewusstsein in deinen Körper zurück.
Atme noch einige Male tief ein und aus, mache die Augen wieder auf und gehe gestärkt an dein tägliches Werk.

Die rosafarbene Meditation

Setze dich auf einen Stuhl mit aufrechter Rückenlehne, die Beine sind angewinkelt, die Füße flach auf dem Boden und die drei ersten Finger (Daumen, Zeigefinger und Mittelfinger) einer jeden Hand fügst du an den Fingerspitzen zusammen. Beide Hände ruhen nun in entspannter Haltung auf dem Schoss. Schließe die Augen, atme ganz ruhig und fühle dich restlos entspannt.
Versuche dir, einen rosa Kreis vorzustellen, der über deinem Herzen liegt.
Stelle dir nun gedanklich vor, dass der Kreis immer größer wird und dich wie eine rosa Wolke umhüllt.

Bleibe in dieser Wolke, solange du diesen Zustand halten kannst.
(zirka 10 – 40 Sekunden)

Solltest du kein Rosa sehen können, so sage gedanklich Rosa, es hat dieselbe Wirkung.
Sprich nun in Gedanken die folgenden Sätze:

„Ich befinde mich in Frieden und Harmonie mit der ganzen göttlichen Schöpfung.
Alles, was diesen Frieden und diese Harmonie in mir stören könnte, lege ich ab."

Stelle dir nun einen Menschen vor, mit dem du nicht so gut oder gar nicht auskommst (es kann auch ein Verstorbener sein) und sage zu ihm: „Gott segne dich und ich liebe dich."

Denke aber immer daran, dass du dich auch selbst lieben solltest. Also sage auch gedanklich zu dir: „Gott segne mich und ich liebe mich."

Diese Liebesmeditation kann zu jeder Tageszeit ausgeführt werden. Führe sie möglichst täglich durch. Du wirst beglückt feststellen, dass sich schon nach ein paar Tagen deine zwischenmenschlichen Beziehungen und die Einstellung zu dir selbst positiv verändern werden.
Mit dieser Meditation öffnest du dein Herz--Zentrum. Solange dieses nicht geöffnet ist,

findet keine seelisch-geistige Entwicklung statt, mag man noch so intelligent, begabt oder medial veranlagt sein.

Besonders gut kannst du dich auch mit dieser Meditation mit Verstorbenen aussöhnen.

Übung für innere Harmonie und Ausgeglichenheit

Dazu möglichst einen ruhigen Ort aufsuchen, um sie dort durchzuführen.

Diese Übung ist von der Tageszeit unabhängig und gleichzeitig ist sie eine Art Selbstheilung.

Grundhaltung wie bei der rosafarbenen Meditation. Die geschlossenen Augen schräg in die Höhe richten, zur Stirn hin. Von 25 langsam herunterzählen 25, 24, 23, 22, 21, 20, 19, 18 usw. …
Wenn du bei 1 angekommen bist, wähle deinen Lieblingsplatz und begebe dich gedanklich dahin. (Mental vorstellen)

Dort verharre, solange es dir Freude macht. Anschließend sage: Jedes Mal wenn ich diese Übung mache, werde ich tiefer und tiefer entspannt sein und wenn ich nun auf 7 zähle (1, 2, 3, 4, 5, 6, 7; wichtig ist es langsam

zu zählen), öffne ich die Augen und bin entspannt,
energiegeladen, innerlich ruhig und habe alles im Griff, was auf mich zukommt.

Du kannst es aber auch folgendermaßen machen. Zähle 1, 2, 3 und sage dann, ich bin entspannt, energiegeladen, innerlich ruhig usw.,
zähle dann weiter 4, 5, 6, 7 und öffne die Augen.

Anmerkung: Übungsdauer 3 Minuten (länger kein Problem). Jedes Mal wenn du diese Übung machst, unterordnet sich der Körper dem Geist. Diese Übung ist extrem gut bei Ärger usw..

Inhalt

Wir wollen reden, da wir leben VI

Vorwort 1

Hauptteil 6

Anhang

Grundregeln 181

Eine Hilfe für den Verstorbenen 185

Eine Bitte eines Verstorbenen 186

Wie Lisa auf diesen Weg kam 187

Die sieben Schrittsteine 190

Chakrameditation 195

Die rosafarbene Meditation 200

Übung für innere Harmonie und
Ausgeglichenheit................................. 203